衡中奥赛班手记②

那些花儿（大学版）

信金焕◎主编

人民日报出版社
北 京

图书在版编目（CIP）数据

衡中奥赛班手记：那些花儿 / 信金焕主编 .-- 北京：人民日报出版社，2020.12

ISBN 978-7-5115-6821-2

Ⅰ．①衡… Ⅱ．①信… Ⅲ．①大学生一学习方法 Ⅳ．① G642.46

中国版本图书馆 CIP 数据核字（2020）第 254385 号

书　　名：衡中奥赛班手记：那些花儿
　　　　　HENGZHONG AOSAIBAN SHOUJI：NAXIE HUAER
作　　者：信金焕

出 版 人：刘华新
责任编辑：郭晓飞
封面设计：金　刚

出版发行：人民日报出版社
社　　址：北京金台西路2号
邮政编码：100733
发行热线：（010）65369527　65369846　65369509　65369510
邮购热线：（010）65369530　65363527
编辑热线：（010）65363486
网　　址：www.peopledailypress.com
经　　销：新华书店
印　　刷：大厂回族自治县彩虹印刷有限公司

开　　本：710mm×1000mm　1/16
字　　数：240千字
印　　张：14.25
版　　次：2021年1月第1版
印　　次：2021年1月第1次印刷

书　　号：ISBN 978-7-5115-6821-2
定　　价：45.00元

衡中410奥赛班学生名单

生奥生：	董　傲	李丹琳	李舒钰	王昭雨	段文思
	吕鹤松	艾冰清	董　雪	朱玉璇	詹小雨
	高　岩	金幼晗	张肖荻	夏美琨	李　洋
	杨晓鹤	冯　悦	姜世磊	任　康	袁景昊
	冀　浩	王　卓	刘子悦	赵一苇	
数奥生：	孙巍峰	李艺超	武博阳	孙子腾	孟令镯
	董宇喆	徐　哲	蔡占锐	柴君卓	李　喆
	苏　冰	王　迪	高雪迪	刘泽宇	孟亦同
	苏浩然	张　默	赵　宁	徐希浩	刘士琦
	刘　通	张异凡	居春雷	徐光耀	李　策
	白轩然	王翠薇	韩　笑	刘志广	张　弛
	王雅桐	范元瑞	吴建朋	常　宇	乔　石
	张博群				
信奥生：	樊婷婷	尤　龙	雷文清	胡瑞兆	赵　进
	刘克嘉	邢明超	赵鹤宁	安　磊	乔方舟
	运经纬				

衡中 410 奥赛班班级文化

班歌：

《倔强》

称号：

“尖刀班”“狼鹰家族”

跑操口号：

四一零，巨龙腾，夺第一，气如虹！

我做我能，我信我行。四一零班，奥赛称雄！

励志宣誓：

我为成功而生，不为失败而活；我为胜利而来，不向失败低头。

珍惜分分秒秒，摒除一切杂想；我将全力以赴，共筑一零辉煌！

追求：

每一声的呐喊都是声嘶力竭，每一刻的战斗都是不离不弃，每一次的出场都是唯冠必争！

前 言

410班是一个创造了衡水中学历史的班级，他们第一个把班级日志《花开的声音》正式出版，第一个设立以班级命名的奖教金，回报母校！

2012年高考中，410班平均分659分，升入清华、北大13人，上海交通大学13人，浙江大学4人，中国人民大学4人，天津大学6人，对外经济贸易大学3人，北京航空航天大学3人，南开大学3人，中央财经大学2人，中国石油大学2人，哈尔滨工业大学2人，香港城市大学、同济大学、中国科技大学、北京科技大学、吉林大学、华北电力大学、武汉理工大学、中南大学、大连理工大学、北京理工大学、北京邮电大学、西安交通大学、长安大学、北京交通大学、北京中医药大学、中央民族大学各1人。其中董傲同学在第23届国际生物奥林匹克竞赛中夺得国际金牌，实现了河北省生物奥赛国际金牌零的突破。

如今，410班的“花儿”们已经开遍了祖国大江南北，遍布了各大名校。回首高中那些终身难忘的人和事，回首那段峥嵘的青春岁月，展望大学的美好前景，他们写下了自己真实的感受和思考，写给年轻的自己，写给母校衡水中学，也写给正在经历高考和没有经历高考的学弟学妹们。

410班班主任 信金焕

目　录
contents

◎生奥生
（奥赛省一等奖全省 21 名，410 班占 10 名，占比 47.6%）

◎数奥生

（奥赛省一等奖全省 36 名，410 班占 10 名，占比 27.8%）

◎信奥生

（奥赛省一等奖全省 26 名，410 班占 6 名，占比 23.1%）

奥赛生意味着两条腿走路，两条腿都要硬

董傲，北京大学生命科学学院专业，保送（奥赛国际金牌，全国、省一等奖）

（一）

2012 年 10 月 2 日，20 点 28 分，已经有 28 位同学的稿子发到了我的邮箱里。看过几篇，闭上眼，我又回到了 410……

早自习，我旁边坐着乔石，他正在写日记，这小子情感丰富，可能今天心情不太好；克嘉正在讲台上对着电脑打字，时不时咳嗽着，准备着晚上的班会；明超一般在最后排检查教室卫生，一会儿学生会就要来检查了。大多数同学不是在写数学学案就是物理学案，有的同学完成得比较快，正在积累本上总结错题，手里剪刀、胶棒、卷子飞舞着。我锁着眉头，想着晨读的小测还没完成，新的内务检查结果已经出来该去抄表了，新一期的红旗宿舍评比还没有什么头绪……下课铃响了，还没反应过来，张弛已经跑出门冲向厕所，苏冰也拿着毛巾、洗发水嚷嚷着“洗头，洗头”跟了出去。窗口的阳光暖暖的，舒钰接完水不愿回到座位上，捧着杯子仰着脸对着太阳的方向，像是享受着大大的拥抱。教室里渐渐嘈杂，大家眉飞色舞地讨论着昨天跟查晚休的老师怎样“斗智斗勇”，谁说了什么劲爆的梦话，早上去食堂的路上碰到了怎样的人，等等。光耀抬起头睁开惺忪的睡眼全然不知道正在发生着什么，天知道他又偷偷睡了多久；小柴吆喝着收英语习字，下面满是讨价还价地喊着“下次再交”；“潇洒通”蹦蹦跳跳的，偷偷在身后打你一下却还满脸无辜地递给你改完的化学卷子；轩然在黑板上已经写好了一首好词，并准备在语文课前的展示中详细地剖析……信妈进门时一如既往地散发着一种魅力和气质，当然还有威信，教室瞬间安静了。这是一个平静的早晨，一个普普通通的 410 的温暖的早晨。如果时间能定格的话，我愿意停留在这里。

睁开眼，眼眶却是湿润的。

（二）

很难描述410是一个怎样的集体，它绝不是一个简单的班级，而是一个有血有肉的大家庭，我们身边的每个人都是值得信赖的兄弟姐妹，在你高兴的时候和你一起分享快乐，在你遇到困难和不开心的时候陪你走过那段不顺心，真想说“有你们，真好”。

410的故事不是几句话就能说完的，但我总能记起那些美好的点滴：扫雪过后大家一起喝的感冒冲剂，宿舍里轰轰烈烈分发的家乡食品，80华里远足路上我们一起吼的歌，成人礼上我们互相抹在脸上的蛋糕，“十佳班长”“十大学星”竞选时我们喊过的誓言，中秋时我们在月下吟过的诗，元宵节时我们猜过的谜，我们一起刷过的奥赛书和题……现在发现我能回忆起来的全部是美好的，那些生活中不可避免出现的小摩擦、小矛盾都在时光中慢慢地消失无踪，沉淀下来的只有深刻的情谊。总听人说“我们经历的别人不懂”，开始时并不是很同意这句话，可越来越发现410的故事也只能被我们自己体会和感悟得这么深。

（三）

一次开班会时，信妈妈说过这样一句话：“你们是奥赛生，两条腿走路，两条腿都要硬。”410与众不同的一点在于它是衡中2009级的两个奥赛班之一，由数学、生物、信息奥赛生组成。说起奥赛生，我是感到自豪的。我一直认为奥赛生和别的同学不一样，这样说绝不是对其他同学有什么偏见，而是在我看来奥赛生的生活更加刻骨铭心。在正常学习高考课程的同时，我们要在另一门课程上下更大的功夫，并且它的难度、广度绝不亚于高考中的任何一门。于我而言，学好动物解剖或许容易，学好植物形态或许容易，但是要学好植物、动物、植生、动生、生化细胞分子、遗传、微生物、生态行为、比较解剖……真的很难。那种面对高考成绩下滑和奥赛学习障碍却无能为力的感觉真的很痛苦，那种晚上躺在床上看着屋顶直到脑子乱掉蒙头大睡希望明天起来一切都变好的愿望真的让人心碎，可那日日夜夜还是爬着滚着跑着扛了过来。联赛前一晚在宾馆，冀浩捧着动物书跟我说“快……快看吧，要不以后就……就没机会看了”时那清澈的眼神我现在还记得；联赛结束返校，在大巴上我们互相说着“好好学习，好好学习”的场景我现在还记得；美琨因为在奥赛中发挥失常，赛后盯着教室墙上印着的自己设定的目标泪流满面的样子我都还记得……所以我一路走到最后，站在最高领奖台上时轻舒一口气，我也终于完成了大家的一个愿望，正如老师所言，成绩是大家的。

（四）

获得全国金牌并且和北大签订预录取通知书的时候，我就已经躲开了高考那条独木桥。由于经常参加奥赛培训的缘故，我几乎没上高三。同学们在忙碌于保送和自主招生的报名、审核、备考、考试时，我体会不到他们的紧张和艰辛。但是当他们顶着压力不惜翘掉高考课程，抱着辅导书和打印资料跑到各个地方去自学保送考试的内容时，我才明白他们对大学、对未来是多么的渴望。各种招生考试结束后还没有被录取的同学不得不忘掉一切来面对高考。高密度的考试，高强度的试题，这段时间或许是3年中最令人崩溃的，可是你们再一次走过来了。我看到你们灿烂的脸是那样阳光和青春，我知道你们已经是并且永远都是最棒的，其实我也一直在和你们一起奋斗。在外培训的日子，有欢笑也有汗水和泪水。在微生物实验室，我和其他培训同学刷了140支试管、40套培养皿和几十支移液管，一直到夜里11点多。刷到尽情处大家一起唱歌。面对各种实验数据，有时因拟合到99.9%而无限欢喜，有时发觉花费半天时间做的实验因为一步错误而白做时非常懊恼。我牢牢记得腊月二十四那天，结束培训后为了回家过年，从长沙挤春运火车，在车厢连接处整整站了19小时才到家，羽绒服都被汗水湿透了，可我不觉得辛苦，衡中早已教会我所谓付出与收获的关系。终于，一块沉甸甸的IBO金牌证明了自己，也给了我最好的回报。

（五）

如今的我，不仅仅是一名衡中人，还成了一名北大人，新的荣誉，更是新的使命，大学的宗旨和意义还需要我去探索。这是一个全新的世界，有新的同学和老师、新的资源条件、新的生活方式，有对未来的激情和动力，我也该以一种新的方式和角度来学习和理解问题。但无论如何，衡中给我带来的追求卓越的精神将是我一生的财富，我们每个人也应该承担起一个责任，那就是让更多的人了解到真实的衡中，了解到真实的衡中人平凡却不平淡的生活。

我们曾一起感受过花开的声音，那么温馨和幸福。现如今，那些花儿已经开遍祖国各地，各自绽放着别样的美丽。祝福我亲爱的410的兄弟姐妹们，愿你们一切安好，愿410情谊永恒。

那些年，我们一起走过。

大学与高中相比，改变最多的一点就是理想

李丹琳，北京大学生命科学学院专业，保送（奥赛全国、省一等奖）

不知不觉高中生活已经过去，不知不觉已经离开衡中，却总是在或欢笑或悲伤的时候很自然地想起旧时光。

我总觉得自己不是个多愁善感的人，但却总是被某个时刻深深触动。

记得刚开始住校时想家想得昏天黑地，想坚持却感到迷茫，想放弃却怕丢人，一闲下来就难过得想流泪。上铺那个可爱腼腆的女生也会情绪低沉，但是却在我难过的时候一直拉着我的手。我已经不记得当初是怎么走过那段艰难的日子，却记得我们拉在一起的手和那温暖的感觉。

记得刚分完班大家还不熟的时候，某天难受得吃不下饭坐在座位上发呆，一个陌生的声音在耳边响起，“怎么不去吃饭呢，要不我帮你带点儿”，一下子就觉得心里暖暖的。

记得同桌是个爱钻牛角尖的女孩，考得不好时总会一个人生闷气不说话，我见不得她难过，总会忍不住开导她。某次经过她宿舍，听到她在和妈妈通电话，说“我同桌是个很好很好的人，总是开导我”，一下子就觉得自己的心意被肯定了。

记得有次小测考得很好，忍不住得意了好久，平时很温柔的好友居然拿着卷子指着每道错题骂了我 20 多分钟，觉得很难堪因此发奋学习，现在想来却只有感激。

上大学的某天夜里突然心情很不好，给远在浙大的卓卓打电话，她没有一点被吵醒的怨言，而是听我发了很久的牢骚，安慰了我很久。

高中三年，拥有了那么多真诚的同学、朋友，何其有幸；即便后来各奔前程，但温馨如故。

集体是温馨的，更是充满力量的。80 华里远足貌似艰难，但是心里却没有一点胆怯，因为我和伙伴们在一起。成人礼、运动会、家长会，我们一起准备，

一起努力，一起证明自己。还记得处在低谷的时候，黑着灯，我们一遍遍吼着班歌《倔强》，更是吼着我们的倔强，默默地对自己许下承诺，要让我们的班级为我们而骄傲。还记得集训时，大家一起为同样的目标拼着命，刷书——翻几百页的书也不觉得为难，刷题——做数不清的卷子也不会皱眉。当时总是彼此调侃，颇有些幸灾乐祸的意味。那时真的很累很有压力，但一起奋斗就不觉得苦。有次宿舍里莫名其妙地出现了许多虫子，让人忍不住起鸡皮疙瘩，但大家还是翻箱倒柜找虫源，找到时都灰头土脸大笑起来，想起来就很温馨。还记得与舍友一起努力刷厕所的情景……集体让我们在路上有了同行的伙伴，有了“1+1>2”的力量，更是在离家后让我们有了家的感受。

老师们是长辈，也是给我们最多关怀的人，信老师就是被我们称为信妈妈的人。记得“甲流”那时候我不争气地发烧了，学校要求尽快离校，信老师不顾危险地把我领回了自己家，那时候真的有一种从无家可归到有家可回的感觉。很久之后，我又病过一次，不知道是怕丢人还是怕影响别人，难受却不想说，也不愿意去医院，却在见到信老师的那一刻忍不住脆弱了，最后还是在信老师的劝说下乖乖去医院打了针。于老师是我见过的最勤奋的老师，她从没和我们说过她的努力，但是我们做的一套套的题、一沓沓的卷子，还有那个大清早就出现在教室的身影告诉了我们。于老师也是个很可爱的人，她总和我们融洽地在一起，无话不谈。她说她喜欢我们这帮可爱的孩子，说这句话时，她笑得也很可爱。上大学的第一个教师节我给于老师打电话，那时候我还没有完全适应学习生活，但于老师说她相信我，一瞬间我又不争气地哭了，但是却对自己坚定信心了。还有那些同样很好很好的老师。记得有一次我落下 3 天的课，去找艳艳姐问她有没有时间帮忙补课，她很干脆地放弃了下班，给我讲了一个多小时的课。也是那天，我去找尹老师补课，尹老师虽然嘴上说以后要提前问老师有没有时间并且最好选在晚新闻时间，但却立刻帮我补了课。老师们其实都很忙，比我们睡得晚、起得早，但是对我们从来都是尽己所能，真的很感激老师们为我们的成长所付出的一切。

后来，站在大学这新的起点上回忆高中的点点滴滴，所能记起的不过是其中的寥寥数个片段，但却更加清晰地看到现在的自己与高中的自己相比有怎样的差异，经历了怎样的成长。曾经的幼稚一点点地被时光洗掉，现在的自己也许还不够成熟,但却已收获了成长。大学的生活并不像我想象中的那样完美,与高中相比,改变最多的一点就是理想：高中的理想很简单、很纯净，就是考上好大学；大学有理想与没理想的差异，理想高远与理想浅近的差异，甚至是短期理想与长期理想的差异，都会带来迷茫。大学要面对更多不同的人，地域、文化的差异本来就很大，理想的不同则会导致差异更大，与他人的相处也就更加不易。有人说，大学就是一个小社会，适应了大学就是适应了社会。适应貌似很难，但其实，这些也许都不是问题，因为高中三年已经给了我们太多太多。

在衡中，在 410，我们学会了先做人再做事，真诚待人，真诚做人；我们学会了认真定下每个计划，合理分配自己的每一份资源，让自己的每一刻都不虚度；我们学会了心有多大舞台就有多大，敢想敢做，看到自己潜力无限；我们学会了不怕吃苦，压力再大也可以舒缓释放，处在低谷也可以乐观豁达；我们学会了团结一心、合作互助，为了共同的目标努力。我因此变得不再懵懂，不再犹疑。

那时花开，花开的时候你们在我的身旁。在青春绽放的三年里，感谢我们一起走过。

从衡中到清华，灵魂深处的 410

李舒钰，清华大学英语专业，保送（奥赛省一等奖）

离开 410 已经很久了。

因为保送，高三一年中的大半年都待在家，从所谓“地狱”的衡中生活解放下来，过了很久闲散的生活，当初辛辛苦苦培养出的为学术而生的脑细胞也慢慢退化了。虽然每天吃吃喝喝无压力不运动，却意外地比上学最辛苦的时候瘦了 10 斤。翻看在母校时的照片，脸蛋圆圆的、红红的，头发短短的、笑得傻傻的；跑操时、班会时、成人礼时、运动会时朝气蓬勃，活力四射……忽然觉得现在这个消瘦又蜡黄的我老了好多……不论何时，人都应该有一个未完成的梦想，青春更应如此。

之后便是进了园子的生活。

清华园真的很大。近 6000 亩的面积在北京这个寸土寸金的城市不能不说是一种奢侈。虽说大学的要义不在“大”而在“学”,但当你身处一个广阔的环境时，思想的确也少了些禁锢，天地任飞翔。入学发的那张校园地图因为过于频繁的翻折而成了四块，又被我小心翼翼粘好随身携带，但临上课、临开会的前几分钟还是常常会发生找不到教室到处骑车乱窜的窘况。不过抛开绕远路的辛苦，路痴倒是经常可以在曲折前进的路程中发现别样的小风景，这应该是对迷路之人最大的安慰。

从车水马龙的喧嚣中一踏进校园，心就立刻沉静了下来。学生们匆匆地骑车赶往教室或者图书馆，穿过林荫道两旁一棵棵历经沧桑的古树。所有的建筑都庄严沉默地伫立着，宏伟但不华丽，简约却别有韵味。很多楼的墙面上爬满了厚厚的爬山虎——真的是厚厚的，当年鲜嫩的叶子下藏着往年一层一层的枯藤，纠缠的枝条记录着历史的年轮。因为有厚重的底蕴，所以不求外形的高耸和新奇，整个建筑群都如此低调、和谐，这是一所百年名校独有的自信。

记得第一次走进图书馆老馆的时候我是多么震撼！馆内旋转而上的楼梯，有缺口的台阶，被磨得发亮的扶手；馆外树木清凉的绿影透过落地窗投在地面上。曹禺先生用过的书桌还在那里，钱锺书先生阅读过的典籍还在那里，一代代的文学大师、治国英才都曾在这里度过了不平凡的时光。一想到这儿，这古朴的图书馆顿时多了一份神圣的光辉。我曾经有好几次在图书馆睡着的经历，如果是在宿舍我肯定会觉得很愧疚，但是在图书馆……怎么说呢，睡梦中都感觉自己是在做一件有意义的事情……

写了这么多，可见我对园子还是很有好感的，但与410的初次相逢就没这么欣然了。时光倒转，一直在眼眶里打转的泪珠记下了我对于未知的抵触，那时我尚不够勇敢坚强。那是一个很强大、很特殊的班级，因为强大和特殊，所以让人不敢接近。但如今只有庆幸那时的选择与坚持——如果不是410，我将错过一场多么盛大的宴席。

410,奥赛班。我知道一提到“奥赛”的字眼,很多人能说出一堆反对的理由。我也承认，在很多地方，奥赛的确被过多地功利化而失去了它本身的意义。但我很幸运，因为衡中是一方净土，我能够怀着最初最纯洁的梦想，心无旁骛地在自己的小小天地中耕耘。更幸运的是，我与70个同样怀揣梦想的朋友共同度过了那段美丽的成长的日子。我们相互搀扶着、歌唱着，向梦想奔跑。410告诉了我什么是真正的班集体，什么是真正的团结。

因为是奥赛班，所以肩头多了一份重任，所以少了本就不多的假期，所以经历过更多的失败，所以收获过别样的光荣。

所以和别人不一样。

在410，早已深深习惯了410的节奏，所以当大学更自由更多彩的崭新生活扑面而来时，除了欣喜和好奇，还有些浅浅的告别高中的不舍。

再也没有5点30分的起床铃打扰美梦了，铃响后终于不用一骨碌翻下床跟舍友抢厕所、抢水龙头了。再也没有不定时的内务检查，没有生活委员一周一次评红旗宿舍，有时被子也懒得叠了，当然也不用一边穿外套一边冲出宿舍奔向操场去跑操了。大学也是要跑操的，但是再也不用保持前后左右无缝隙的间距了，再也没有体委“一二一”的喊口号和“注意排面”的提醒了，没有持续一周的会操比赛了，当然也一定没有那种气壮山河、震耳欲聋吼出来的口号声了。“四一零，巨龙腾。夺第一，气如虹”，这句口号在当时俨然成了410的品牌，第一名成了我们不变的追求与收获。还有每天一次的励志宣誓，“我为成功而生，不为失败而活”，很张狂的口号，很庄严的领誓，很踏实的行动，很虔诚的信仰。记得生物联赛之前的最后一次宣誓，我们的声音震撼了整层楼。现在想来，那有些愤青的口号在当时给了我们多大的勇气和豪情。而大学，估计不会有哪个班这么疯狂了吧。

离开410已经很久了。

当初生物奥赛的动植物、微生物、遗传生化、生理生态已经基本忘光了，但还是经常厚着脸皮得意地说“我当年也是学生奥的”。晚上走出大学自习室之前有时还会期盼一下今天是谁书写着我们的班级日志，想想班长会不会走上讲台说说我们的量化和状态，而恍然间发现已经毕业了。跟别人聊起高中生活，口头禅永远是“我们410……”依然会在各种场合见到“410”这3个数字就莫名兴奋，依然听到《倔强》就不由自主地跟着哼唱，依然常常骄傲地提起我们那本《花开的声音》，依然看到410的同学就不分时间地点地大声打招呼，依然时常在不能入睡的夜晚想起那些无悔奋斗过的日子……

我们的青春——在410的青春，很热血，很美好，美好到不论何时回想起来都能让人热泪盈眶。

如果在未来的某一天，即使是在我白发苍苍的时候，突然有了某个很疯狂的计划，并且还很固执得非做不可，那一定是在410时从心底成长起来的小火山又爆发了。

其实，我亲爱的410，我从未真正离开过你。

长留心间师生谊，恒久不变衡中情

王昭雨，清华大学建筑学专业，加分（奥赛省一等奖），高考全省理科第 4 名

花儿终于开放，嫩蕊舒展，甜美的花香氤氲着的是对根的感激和对叶的情意……

虽然已经离开衡中，虽然曾经欢呼“解放了”，虽然也会感叹衡中管理的严格，但是仍然留恋那段日子，无论是成功还是坎坷，无论是快乐还是哀伤，那都是奋斗的日子。

衡中，怎么也忘不了，也不可能会忘掉。大学军训的闲暇，大家在衡中休息铃响的前几分钟默默倒数，与之同频；也常在 QQ 群里回忆、披露自己违纪的窘事，然后哈哈大笑，但这笑却是复杂的。我们虽然分散在全国各地，但“衡中结”永远不断，“衡中情”绵延不绝。

一直希望还是那些人，还是那间教室，还是那些可敬可爱的老师为我们再上一节课；一直希望再捧着厚厚的一摞生物奥赛教材，做无尽的习题，共铸生奥辉煌；一直希望再和同学们跑一次操，迎着 10 点多的太阳，哑着嗓子喊几遍那最熟悉的班级口号；一直希望再跑步就餐一次，体会那种紧张与刺激（不提倡效仿）；一直希望还有机会站在曾经的教室里，望着班牌，想这 3 年经历的每一个细节，反思这 3 年的得失，然后珍藏在心里，永远不忘……

走出衡中才真正理解作为衡中人的骄傲。自我介绍说家乡是衡水时，同学们立即发出欢呼惊叹；无意中听说新西兰留学生也知道衡中的消息，更让我感受到衡中的不可思议。最令我高兴的是，在衡中的辉煌中，我也曾留下淡淡的一笔。

衡中带给我的不仅仅是到清华学习的机会和大家的刮目相看，更给我带来历练与挑战。学识的提高诚然重要，但内心的坚强与心智的成熟是衡中给我最好的礼物。我记得遭遇挫折失意时不再胆怯，而明白“我不勇敢，没人替我坚强”的倔强；我记得面对迷惘困惑时不再犹豫，而喊出“人不辉煌枉少年”的信念；我

记得面对陌生的班级时不再拘谨，而融入这个大家庭，与亲如兄妹的同学一起欢笑、一起哭泣……我不再是那个脆弱拘谨的孩子，不再是那个懵懂幼稚的少年，3 年中自己真的变了，真的长大了。

我感激 410，感激衡中，你传授的不仅是那跨越高考的知识，你提高的不仅是那功利肤浅的分数，你成就的不仅是那征服高考的辉煌，你还教会我对知识的掌握能力与运用能力，让我在学业上走得更远；你更教会我坚强与倔强，让我在人生路上走得更稳更坚定！我感激你让我接受受益终身的教育，感激你让我勇于挑战自我、追求卓越，感激你让我拥有这般美好的回忆。

从衡中走到清华，又开始了一段不同的经历。大学是一个平台，也仅仅是一个平台，飞跃还是坠落掌握在自己手中。大学和高中不太一样，不再局限于老师的教导，而要发掘自己，自主学习；不再局限于听从要求，而要找到自己的节奏；不再局限于标准答案，而要发表自己的见解，表达自己的思想。大学自由又约束，对自己约束；大学轻松又劳累，为自己奋斗。总之，大学要发现“自我”，明白自己想做什么、在做什么，明白自己的特性、自己的未来。

我选择建筑系，不是因为以往的分数数据，也不是因为家长的引导，我只是想找到一个适合自己的事业，就像入学时教授说的“你们不该叫入学，而是进入了这个行当”。我要学的东西还有许多，专业知识、对美的感受、广阔的知识面、满足客户要求与坚持自我理念的平衡等。学习不再局限于书本，更多的是在课堂之外，最终的目标也不再像高考那样简单明确，专业分流、职业规划的准备与抉择更为必要。可能我学得很好，也可能暂时不成功，但既然是我自己的选择，我必须负责，不能回避，我会超常付出并且接受一切结果，无论好坏。

至于对大学的期望，我还是希望在专业学习基础上过丰富一点的生活，比如积极参加体育锻炼，适当参与社会实践活动，努力提高英语水平，同时保持比较规律的作息以提高效率，尽量减少通宵熬夜的次数。当大学生活还没完全展开，期望可能更像幻想，总之，在有一定规划的前提下走一步看一步，尽量把每一步走好，同时不为一时失意过度悲伤，时刻思考下一步的走向。

站在大学的起点，高中的峥嵘岁月仍记忆犹新，很想提醒高中的学弟学妹几点。

首先，不要让生活充满抱怨。有人说："世界上所有的事可以用 6 个字解决：接受，改变，离开。"对于高中生活，如果你无力改变，如果你不能离开，那就选择接受，当你真正走过，你会发现那些你曾厌恶甚至憎恨的都会成为最感激的经历。

其次，要学会反思和总结。当你发现许多看似不同的题其实实质一样时，当你形成一套自己的学习方法时，你会真正体会到学习的快乐，那种豁然开朗的感觉可以让一切苦闷、烦恼烟消云散。

最后，希望你们学会坚持。在无人相信时坚持，在别人坚持不住时坚持，在自己坚持不了时坚持，你会发现成功不只是结果，无悔的重量远大于它，而最终结果也往往会超出你的预期。

你们总会有各种梦想，这很好，但不要让梦想仅仅是梦，不要让曾经的热情冷却。不要认为太遥远就放弃，不要武断地认为生活没有希望，"相信自己"是不需要付出什么代价的，而且绝对比"不相信自己"要好，因此何乐而不为呢？

高考，又是一次洗礼；高考，又是一次蜕变；高考，我在清华等你来！

感恩人生中美丽的碰撞，带着 410 的馈赠前行

段文思，清华大学工程物理专业，加分（奥赛省一等奖）

我不知道该如何评价自己的高中奋斗生涯，好像也没有什么魔鬼的叫嚣或发狂的追求，也可能是我已经淡忘了那段并不遥远而又荡气回肠的记忆。但再想想看，那单纯的 3 年真的是一份沉甸甸的馈赠。

大学的舍友讲起她的高中：竞选拉票与演讲，奥赛小组全体成员集体熬夜疯狂狼人杀，逛街郊游当吃货……完全不同的热闹纷繁的日子，让我又记起了自己的高中生涯那点点滴滴的平凡。

我的心思并不细腻，性子也有点怪，打心眼儿里并不喜欢每天如一日的重复，无论是重复的生活、面孔还是题目，以至把自己的大脑装载得像一台高速运转不为外事所乱的计算机，所以我也爱凑热闹，希求能使我的生活变得有些不一样。当高一入学的热情逐渐熄灭而又对新分的班级没有感觉的时候，我报了奥赛班，从而开始了经常培训出门躲考试的幸福日子；当保送机会来临时，因为知道报北大希望渺茫才一时犯倔偏选了北大的自荐而被剥夺得连笔试的资格都没有；讨厌唾手可得的复旦保送机会但又偏想去上海外滩转一转，才会高高兴兴坐上高铁参加复旦的面试，见识了一批上海美女与南方奥赛男；不想在家待半年体味找不到同学、找不着事干的空虚，又顺手丢掉了复旦的橄榄枝而向传说中的高三备考下了挑战书……

就是这样，挫折源于挑战，荒诞起于合理，我一直在起起落落又沉沉默默地固执生活。没有特长但我依然过得有点儿味道，没有扎实的知识底子但我仍然浮躁，这让我吃了不少苦头。高二那段灰色调的日子我过得事事不顺，记性因为慌乱显得有些迟钝。我曾一个月丢掉六张饭卡，丢到不好意思再跟同学蹭饭，丢到餐卡办理处的老师狐疑地看我一眼就能叫出我的名字。因为灰色的心情，我胃口不佳，宁愿躲到宿舍用一罐八宝粥解决吃饭问题。情绪不佳的原因很大众化，是

不断下滑的成绩。化学老师（我高一给她当科代表，所以感觉她很亲切）指着我那覆满红叉的作业找我，不知道我这化学一向还算稳定的丫头搭错了哪根筋。同时，数学老师普哥也祸不单行地盯上了我。到现在还记得我杵在普哥办公桌前揪着手指头，好像那不是手而是仇人。他边打着电脑边随意问我："最近出了什么情况？"我揪着手回答："有些浮躁。""为什么浮躁？"我沉默揪手。"对你数学成绩的定位大概是多少？"我继续沉默。就这样我在办公室待了 20 分钟，当上课铃终于响起时，他扯了扯头发，无奈地摆了摆手。获得特赦的我，带着凌乱的思绪一溜烟飞了出去。普哥曾引用某人引用的话："屡败屡战是种难能可贵的精神，但我们为何要屡战屡败呢？"第一次听到这句话我撇了撇嘴，难道有谁神经错乱想屡战屡败来考验自己意志力吗？第二次听到这句话我继续沉默，但终于把它和三思而后行、再一再二不再三联系到一起，明白了贪多求快、做事粗糙的弊端。汹涌的河流决了堤，锋利的沙砾蹭了皮，这些难以修复的漏洞，我用虔诚的修正与强大的心态弥补了好久。

但是，累吗？说不累是违心的，可要是累得迷失自我，累得要像枫叶飘落一般消沉，那就不叫衡中人。开玩笑地讲，我青春期脸上此起彼伏长痘痘的压抑感比平日的脑力劳动要来得更强烈些。不知辛苦只因为有这么多相伴的同学，兄弟姐妹一样的同学。我们的回忆不仅仅是嬉笑逗趣的表层娱乐（那只是青春张狂的简单释放与平时生活的偶尔调剂），更有一同思考和奋斗的刻骨铭心。410，这一有着狼鹰血统的家族，永远没有意志消沉的时候。因为奥赛班的特殊身份，我们历经分分合合，跑操队伍有时只剩一二十个人，可我们的口号依旧霸气十足。我们深知集体重于一切，所以每个人的生日都是一次集体狂欢，每个人的荣誉（尤其像"十佳"竞选）都是全班努力的缩影。分班后我一直没敢回想在 410 的日子，不想让自己陷入回忆的苍凉。但当"兔子"蹦蹦跳跳地在我面前炫耀她挂在胸前一直没摘的班徽时，望着那深蓝的剪影我不禁笑了，没有悲哀，只有温暖，笑着想高一时大家灰头土脸远足回来时虽疲惫却用尽最后的力气嘶吼出的《倔强》，笑着想高二时成人礼上那奇葩的成人帽与均分给每个人并不多的蛋糕，笑着想高三时得知分班消息后大家互相安慰的强颜欢笑和眼角暗涌的泪花，更有那些说也说不完的每个人的故事……

到现在我还在想，是什么铸就了这样的410。是班主任高超的管理能力？也许是。高二的班主任信老师能在兼任学校干部的情况下留意班上每一个学生。她懂得张弛有度的道理，在本该自习的时间带我们去赏月；她知道高瞻远瞩，以至于同学们转到东区和她分开后还请教她保送自招等问题。学生们说：“可能信老师不知道细节，但大方向她一定不会错。”而之后的高三班主任王文霞老师的洒脱热情也成为班级不可或缺的润滑剂。是奥赛班学生的高素质？也许是。我们有着各自的性格，但为了班级，我们能求同存异。不甘落后、追求卓越的底气，向上、向善、向心的班风，创造了独一无二的410。更不用说热情的家长与兢兢业业的任课老师。我释然了，410是一个结合了天时、地利、人和的班集体，不算完美但一定辉煌。

我们的高中并不很深刻，我们的410并不很复杂，只是每个有着独立人格的同学会聚在一起，共同拼搏过三年，再奔向不同的方向。在国内教育体制下，在这本就该以学业为主的高中三年，我们收获了远远高于书本的东西——那些年的起起落落孕育了坚强，那些人的欢笑泪水让我感动温暖，那些事不管平淡还是震撼都在告诉我执着与承担、踏实与激情、人与家与国的纽带关联。

这是人生中一次美丽的碰撞。

没有信仰的生活只能叫生存，那些年花开不败

吕鹤松，清华大学监控技术与仪器专业，自主招生

高中的时候，总在梦想着彻底摆脱苦行僧般生活的那一天，以至于高考结束甚至成绩揭晓之后，仍不时梦见还没有高考而在惊慌中醒来，然后对自己无言地哂笑。然而更为重要的是，有了衡中与奥赛这两个元素的加持，高中三年又成了一种体味，一种不同寻常的经历，一种痛并快乐着的感觉，以及当高中真正过去后的一种奇妙的想念。化用一下钱老的经典之语："在高中的人想出去，高中结束的人又想继续。"

不得不说，是奥赛班——410，让这一切变得有了持久的魅力，也给人生的经历添了无法复制的一笔浓墨重彩。

410的每一位老师都是一朵阆苑仙葩，而他们组成了无比璀璨的一座神奇花园：没法形容的信妈妈，让物理充满了魅力的尹老师，与同学们无话不说的于老师，严厉而又不失温柔的涛哥，真情实意的战普哥，各种幽默的德谋哥，雅俗共赏的霞姐，姐姐般的小苏老师……这里只列出了有限几位，但各个老师都是无与伦比的，是他们让我们的生活充满了新鲜感，更是他们让我们的头脑得到了武装。

而我，就是在与老师的单独交谈中度过了一个又一个关卡，获得了继续前进的动力与信心：在河南培训时闹胃病，是于老师陪我看医生买药，还在生活上关照我；生物奥赛失利后，是信妈妈一直关注着我的动态，那若干次贴心的谈话使我热泪盈眶；数学成绩落后时，是战普哥给我写的数学寄语，激励我高三一年不松懈地学习数学，最终落得个无怨无悔；迷茫时，是于老师在我离开410后的高三后期和我一起分析形势，让我为高考做好心理与知识上的双重储备……千言万语都没法表达我激动与感激交加的心情，只能以一句话表明心意：敬爱的老师们，感谢一路有你们的陪伴！

还有心心相念的是那狼鹰般英雄的家庭——410。

衡中奥赛班手记：

那些花儿

那些年，我们一起笑过。衡水湖畔的笑声犹在耳畔，尤龙从队首跑到队尾的身影宛在眼前；国庆来临，在班级组织的5000米长跑中，我们相互搀扶着，一起奔向终点，我们的班旗始终高高飘扬，上面密布着我们每一个人用心写下的誓言；每次课间跑操，“四一零，巨龙腾。夺第一，气如虹”的口号响彻衡中的上空，以至于学生会的同学都会不由自主地跟着喊；记得班会自己分析失误的原因，说着说着鼻子酸了、眼圈红了；记得班级浮躁了，不再辉煌了，关了灯的四楼角落的教室里响起我们哽咽的歌声；记得每个同学过生日时，全班同学送来的真心祝福；记得班级篮球赛事，场上场下的同学都是那么的卖力。更忘不了的是那些学习的画面：堆成山的生物奥赛书，厚到让人窒息的生物奥赛讲义卷子，一看一个晚上都没思路的数学奥赛题，还有满屏幕闪烁的代码、永远写不完的自助、读不完的英语阅读、算不完的解析几何和导数，一边骂着一边却还在奋笔疾书抄答案的“5·3”……但是，无论再苦再累都没有人放弃，“就算跪着也要把这条路走完”。无论身在何方，总有70位兄弟姐妹在你的后方，与你一起奋斗，默默地努力，用汗水书写青春的无悔……就是这样，当年的无知迷茫一点点汇聚成了有力的脚步，载着我们每一个人通往成功的彼岸。

那些年，我们的欢笑定格在每个人的心里、耳里、眼里，无论何时何地，回忆起来都是那么亲切。那些年，我们亲手将率真和坦诚的种子植入笑声中，我们都知道越纯粹的东西越保鲜。我们也知道，这种欢笑只有经历过的人才会懂。

花儿静静地绽放，开过了3年的高中，又来到了平台更为宽广、视野更为广阔的大学。坐着进京的火车上，突然想起12年前就开始无意识喊的口号如今终于得以实现，想着曾经的那些同学如今正踏上各奔东西的火车，心中有了一丝莫名的惆怅。这就是成长，在接受新事物的同时也必须对原有事物做出一些取舍。

花儿有幸在清华这片更广的沃土上成长，得以滋养，然后选择绽放。但是说实话，清华与衡中真是存在着一些本质上的联系。有人说上大学就是彻底放松了，也许在某些地方这句话成立，但绝不是在清华园。在食堂里，依旧是匆匆的人群；在通宵自习室里，依旧是灯火通明；在图书馆里，依旧是凝神地盯着报告、不停地敲着键盘、埋头做着作业的身影；在教室里，上课两个小时前就会有书本整齐地放在座位上……诚然，我们可以自由地安排时间，没有级部条条框框的规定，没有令人窒息的联查，可是，当你来到这里，你就会不自觉地想起衡中那有时规律到无聊的生活。原因很简单，那些年我们从衡中带走了宝贵的一种精神，或者说一种信仰。

没有信仰的生活只能叫生存，一位哲学家如是说。这让人头疼的深刻句子投射到我们的生活上便变得无比简约——我们都要为一个目标活着、努力着。在衡中的那些年，失落过，悲伤过，自暴自弃过，重头再来过，细细想来，未曾放弃仅仅是因为令人神往的未来和永远放不下的梦想。衡中，这个梦想的集散地，时时刻刻都在提醒着我们不要忘记最初的心意，又在每时每刻打击着我们因小有进步而躁动的心，催促着我们追逐远方的脚步。

曾经的我在衡中经历过风雨的洗礼，而在清华，我依旧可以选择拥有衡中和410那追求卓越、永远进取的心。我选择继续绽放，让衡中的芬芳，让410的香气，从我这里继续飘荡。

不学习就是违纪，这是到任何时候都适用的真理

艾冰清，中国人民大学工商管理类专业，自主招生

听过花开的声音，回首后眼前清晰地再现那次奋斗青春中的花开，猛然感觉离开后的回忆是最温馨的故事，离开后的再次牵手是最幸福的事情。

踏出母校校门的那一刻，才知道心中的无限不舍与眷恋；离开母校衡中，才知道她带给我的骄傲与自豪。忘不了与大学同学谈起衡中时的津津乐道，很享受他人的惊叹；喜欢在自我介绍时清晰而大声地说出“我来自河北衡水中学”！

听过有人对衡中“炼狱”般生活的感叹，但更有真心的赞美。身边的一个同学真心向往衡中，她说喜欢那里学生的单纯和阳光，喜欢那种纯粹而美好的环境，这才是衡中真正赋予我们的——一方宁静的天地，一颗坦然的心，而不仅仅是成绩。一个衡中校友对我说，现在已不敢看表，因为每一个明确的时间都情不自禁地想起、说起彼时此刻在衡中自己正在做什么，老师们在做什么。正是衡中给了我们这样一段刻骨铭心的记忆，给了我们一种深入内在的品质，给了我们抹不去的美好——这就是每一个离开母校后的衡中人依然热爱衡中的原因。

忘不了老师的付出，也曾经戏谑地说干什么也不要做衡中老师。衡中老师真的是全身心的付出，不计代价，无须回报。老师准备的中秋节的月饼、元宵节的汤圆、集训时的水饺无不充满了幸福的味道。每每想起关着灯举办的那节班会，想起远足，想起深夜老师的身影，眼角不禁有一丝湿润。就是这些点点滴滴，支持着衡中一路走向辉煌。

衡中人无论在哪里都是一个庞大团结有安全感和归属感的团队。由于衡中实力强大，大学里你就有了很坚强的后盾，甚至有帮你借书、给你答疑解惑、带你聚餐的师兄师姐。一次校友聚会后，我不禁有些小小的伤感，不由自主地谈到曾经的衡中，猛地发现原来大家都有相同的感受。身在衡中时，或许会抱怨其不好、不满其严格，但是一旦迈出校门就会有无限的留恋。回想起那时紧张而有序的生

活，很充实，不后悔。事实上，从转身那刻起，我们俨然成了衡中的保卫者，对于不公的言论总是想要奋起反击。

步入大学，就是一个崭新的开始。如果说高中生活是一条笔直的大道，有人为你指明了方向，那么大学生活则是山间小道，需要自己探索、自己规划。选择的道路不同，自然领略到的风景不同；打开的眼界不同，自然收获到的美丽就不同。大学与高中最大的不同就在于自主与独立，大学再也见不到天天围着你转的班主任，再也没有逼着你学习的任课老师，也没人会一遍遍告诉你什么时间该做什么事，去听什么讲座、去参加什么活动这些完全由你自己决定。如此一来，信息的获取就显得尤为重要，因此就更注重与人的沟通，并积极查看相关的信息平台，不让感兴趣的机会擦肩而过。另外，多与师兄师姐交流也是个不错的选择，衡中学子遍布各地不愁找不到人问。

大学期间有必要尽早确立奋斗目标。举例来说，如果打算得到出国交流的机会，就要早早着手准备托福或雅思的考试，这就需要提前了解足够的信息。注意，这些是要自主去做的，否则一旦接到确定的通知就会措手不及，甚至为时已晚。当然，无论你做什么，首先保持学积分——虽然大学生活丰富很多，但毕竟是以学习为本的，学习好相对来说机会就会多。说到这里就不得不提到关于参加学校各种组织的事情，个人感觉加入某个组织还是比较容易的，因此不必担心因漏选而填报过多的组织。如果想锻炼能力，可以到某些比较繁忙的可以学到一些专门技能的部门及一些发展性的社团工作。总之，大学就是一个还没有那么复杂的小社会，在这里就是要让自己全面发展。

亲爱的学弟学妹们，相信你们现在一定期待着未来的某一天亲自接触到大学的气息，开创出属于自己的一片小天地，但别忘了衡中的一句话——“不学习就是违纪”，这是到什么时候都适用的真理。你们现在最重要的就是享受这很纯粹很简单的学习生活，真正做到全力以赴，为了梦想而努力奋斗，这将成为你一生中最为珍贵的回忆之一。另外友情提示一下，“时间如白驹过隙”真的不是吓唬人的，这就是时间的公平所在，谁也抓不住它，所以一定不要说“等我有时间了再做”之类的话，想做的、有必要做的一定要提上日程安排。可以每天小小地做一下计划，不必有书面的呈现，但大脑中一定要清晰而有条理。不要每天疲于奔命，要认真地过好每一天，过完美的一天。还有一句话说得很好，“亲其师，信其道”。希望每个人都要喜欢自己的老师，假如真的不喜欢，那就拿出点儿骨气来，以足够优秀的成绩让老师真心佩服你。

啰啰唆唆说了很多，最想表达的是，很幸运成为青春期那些花儿中的一朵，绚丽地绽放过，同时期待明日的花儿会更加缤纷多彩。真心祝愿衡中没有巅峰，只有更高。

走过的不只是征程，留下的不只是回忆

董雪，中央财经大学项目管理专业

还是这样的夜晚，在两个不同的时空里，在一轮同样的圆月下，咀嚼着各自的思念。曾经，我们在一起，在凉凉的秋风寒夜中相互依偎，体味着 410 独具融化力的温暖；而今，我们各奔东西，只能噙着泪在这洒银的月光下，念着永远爱着的 410，念着那段共同走过的岁月，念着忘不了的你们。

漫长的中秋之夜，是否有那么短短的一瞬，我们的目光如引线般相聚在遥远的天际，这样的遐想足以让我的心温热一夜，好想问一句："410 的兄弟姐妹们、爸爸妈妈们，你们还好吗？"

关于 410 的诸多细节性的回忆,2000 字是远远不能承载的。更主要的原因是，一想起那些日子，就仿佛有一股温暖又汹涌的热气弥漫在全身各处，多种感官有着强烈的共鸣般地敲击着我，那种混杂的多维的温馨感、幸福感要毫无损失地付诸文字，实在是不太可能的。

所以我只想说，410 给我的东西实在太多了，"回忆"这两个字太干瘪，其中的故事，其中的感受，不怕被文字封存，也无法被时间褪色。即使好多东西注定会模糊掉，但又有什么关系，这种感觉永远是饱满的，我爱 410，会永远地爱下去。

有人说，有些东西失去了才知道要好好珍惜，可刻着 410 的那段日子，却让我从一开始拥有就懂得了珍惜，而且从未想过要失去。410 是辉煌的，但也有过低谷；410 的我们是无比强悍的，但也有过很多次的迷茫困惑。所以，那段日子见证的是一种茁壮的成长，而绝非"成功"这么单薄的词语可以诉说得尽的。所以，我怀念的就不仅仅是那次远足、那次成人礼、那次"十佳"竞选、那一堂堂振奋人心的班会、那一张张温暖人心的生日祝福 PPT，更是两年来一起坚守、一起奋斗的平凡历程。看过《花开的声音》的人应该更清楚，我们所拥有的，更多

的是那些没有生日、没有“十佳”、没有学星、没有远足和成人礼，也没有月饼、元宵可吃的平凡的日子。像很多的高中生一样，我们也会因为成绩不理想、内务不合格被搅得心烦意乱，我们也会被一些现在看起来鸡毛蒜皮的小事折磨得很不堪（所以说记忆这东西是很不可信的，总会淡化一些情感体会），可重要的是在看似枯燥的学习生活中总能找到让我们重新充满热情的契机，其中团队精神和同学间的鼓舞占据了很重要的地位，虽然这样说起来绝对脱不了假大空的嫌疑，可是这种精神上的支撑在人的奋斗过程甚至一生中所发挥的作用绝对会让你惊讶不已，410就让我明白了这个道理。

我是410最普通的一员，那段学习经历并不如我意，即便是记忆模糊的今天，当时的煎熬和挣扎如今还是能感受得到。成绩一度处在班级的中下游，这使我在很长一段时间面对那段日子总会产生一种无法言说的痛楚，可是我很开心自己可以坚强乐观地走过来。我也未曾给410留下过什么个人荣耀，但所有的这些在现在看来都算不了什么，重要的是，在410，我学会了坚持、坚强和忍耐，懂得了亲情、友情的可贵，也是这份永不服输的精神让我慢慢走出了低谷，在高考中有了无悔于自己付出的结果。

毫不矫情地说，结束了高中生活的我依然很留恋那段单纯的日子，单纯到只剩下奋斗的日子。所以，正在经历着注定永生难忘的日子的你们要学会珍惜，珍惜你所经历的、拥有的一切，包括身边陪你一起坚持的每个人。而你要做的，就是将自己全身心地投入到这独属于你的生活中去，无论多苦多辣，都要相信，这些同甜同酸一样，都是必须品尝的味道，都值得珍惜和享受。再就是，希望你们学会思考、爱上思考，这对整个学习过程和学习细节都适用。学习是一个工程，需要规划和经营，思考可以让你头脑清楚，至少不会陷入同我一样在明白这个道理之前经常会经历的暗无天日的学习混战。你需要随时随地地思考，思考各种事物，用于纠正和完善自己。过去和未来、现实和理想、微观和宏观的所有的一切，谁都无法约束你的思想，这是一门课程，很重要很神秘，从自我教授、自我反省中获取的动力比所有的口号、目标都受用。青春有时更需要冲动和热血，这和思考并不矛盾，这种涉及哲学问题的辩题我也不想多说，以上只是些小小的建议，有些道理只有亲身经历过才会明白，我只是想以一个经历过的朋友的身份告诉你们，所有的过往都是一种体验，很美好的体验，走过的路就不要让自己惋惜。

刚进大学的时候一位老师就跟我们讲："永远不要相信你高中老师说的'拼命学吧，等上了大学就可以解放了'，大学是一个更需要奋斗的地方。"大学是自由的，但并不轻松，它只不过给了你更多展示自己的平台和更多的选择权，让你的奋斗可以有兴趣做支撑，不会惹得你太多抱怨。其实一个人如果没有可以为之奋斗的目标就太遗憾了，年轻的我们更应该勇敢地去追求你想要的一切，当然前提是你知道自己想要什么，重要的是尝试后的选择和选择后的坚持。

希望这平平淡淡的文字能够表达出我对 410 和 410 人的爱和感激，也希望正在经历着那段岁月的学弟学妹们可以有些许收获。我不是热血的人，我只喜欢默默地坚持，享受欢乐，也享受痛苦。

我是董雪，我默默地祝福你们。

春风正拂面，我们在盛开

朱玉璇，中央财经大学保险专业

花开在太阳下
等着一零呀
努力盛开仍离不开她
雨忽然一直下
打乱着花架
问自己
她就要到了
可以哭
却还倔强地挣扎
说什么
只会让人更想她
爱是花儿的芬芳
是蝴蝶的翅膀
是迷失的蒲公英找到它的方向
爱在孤独中绝望
在绝望中坚强
坚强后继续不停想着她

这首歌改编自《花的嫁纱》，献给我爱我想的410。

很想念410，很爱410，也很怀念花儿们在衡中一起奋斗的日子。本以为提笔就可以写出我在离开410班后的所思所想，但当我坐在电脑前看着屏幕上那4个大字“那些花儿”发呆了一个小时后，竟然不知从哪儿写起，是从我第一次走进 410，从此我的血管里就流淌了 410 血液那个晚上？是我们毫无心理准备地被突然分班从而被迫离开 410 的那个下午？是高考后我们在饭店畅聊对饮但笑容里隐约着悲伤的那个中午？是我走进中央财经大学的新生群脑子里想的却是高一迈进衡中大门时的场景的那个上午？是我和董雪手牵手走在中财沙河校园里谈论 410 的那些花儿身在何处的那个夜晚？是我站在讲台上竞选班级生活委员时提到我想让保险 12 成为温馨的家就像高中时我最爱的 410 班一样而情不自禁地哽咽的那个傍晚？种种场景浮现在脑海里，我无从下笔，只能随心写下我的所想，也许有些混乱，但却是真心的。

高考后知道我和董雪都考上中财时，立刻就给雪发 QQ 信息兴奋地说，我们在一个学校！于我和雪和所有 410 的人来说，彼此就是亲人般的存在，所以在中财看到董雪就相当于找到亲人了，那种熟悉感、温馨感、幸福感真的很好很好。

我知道衡中是我人生的重要一站，没有衡中就不会有现在的我。倘若中考后我没有听妈妈的话进入那个我听闻比监狱还严的衡中，我想现在我只能坐在某个学校里捧着一摞卷子复读了。其实，更准确地说，本来衡中就不是外面说的那样严，只是教给我们该学的时候高效率地学，该玩的时候好好地玩，该睡的时候就要睡觉，如果这也算严和苦的话，那压榨学生午休时间的学校不就该是人间地狱了吗？我自信，没有比衡中更敬业的老师，没有比衡中更高效的课堂，没有比衡中更优秀的学子。我是衡中人，我很骄傲，但是我知道，衡中的荣誉是属于所有为衡中奋斗过的人的，我只是其中小小的一员，所以我要做的就是在大学里好好表现，让自己成为让衡中感到自豪的学子！

如果说衡中是孕育我高中生活的大家，那 410 就是潜移默化地影响我的小家。我在 410 学到了如何让一个集体成为家庭，如何让老师成为父母，如何让同学成为兄弟姐妹，这些在我未来的工作生涯中都将是非常重要的，或者说将影响我的一生。我说过我很想念 410，虽然我们每年都会聚会，但是我们终究不能一直在一起。天南海北甚至异国他乡，410 的花儿们一定会飞得更高更远。我知道距离不会模糊我们爱 410 的心，但我真的很担心十几年、几十年后的某一天，当我走在街上，看着很熟悉的面孔却叫不出名字……不过还好，我们有《花开的声音》，还有我们正在写的《那些花儿》。多年后的一个下午，躺在阳光里，我可以抚摸着书上的照片，回忆我们这些花儿在一起的青葱岁月，很幸福，很快乐，很温暖……

当外界认为我和世界不一样那就让我们不一样，这是我们的倔强、我们的坚强。大学在龙庆峡军训时，我遇到了很多衡中的同学，有以前认识的还有不认识的。当我们说起自己是衡中毕业的学生时，周围多是惊羡的目光。一天晚上在训练场听讲座，其间我和一个大学同学去洗手间，当我说起我们高中的那个班有人获得了生物奥赛国际金牌直接保送北大的时候，突然有人说“你是衡中的吧，是410的吧”，我真的很惊喜。同学惊叹地说：“你们衡中考上中财的人真多啊，在厕所都能遇到，真是太厉害了。”我和那个衡中同学竟异口同声地回答：“当然了，我们都是衡中人！”我非常自豪，因为我是410人，那个由数学、信息、生物奥赛生组成的班级，衡中最牛的班级之一！还是要谦虚一下，就之一吧！

信妈妈到清华的时候我真的很想去，但是我在遥远的北六环沙河（呜呜，好远啊），坐地铁也要两个小时，而且我还悲剧地上午上课到12点。因此，我只能一边上着政治经济学一边想着410了。

每每听到手机音乐中的《倔强》，我都会想起我们在黑暗中齐唱《倔强》到泪流满面的那个班会。歌词真的很好，“逆风的方向更适合飞翔，我不怕千万人阻挡只怕自己投降……我就是我自己的神在我活的地方”。我们每个410人都会有自己的倔强，自己的坚强，自己想要的飞翔，不管未来要经历什么，我们都会坚持下去，我们会继续努力，让不管多少年后的人提起衡中时说：“哦，是那个很厉害的410的衡中吗？”那么，我们就真的让衡中以我们为骄傲了，我们410的花儿们就成功了。

花儿在盛开，花儿在歌唱
花儿的倔强，花儿的坚强
我要的飞翔，正在起航
未来的日子，我们会远航
但我不会忘了家的方向
那里有410
那里有《倔强》

来衡中也许后悔三年，不来衡中一定后悔一辈子

詹小雨，北京邮电大学自动化专业

刚上大学的时候，听说我是衡中毕业的，宿舍室友惊讶地看着我，一连问了我好几个问题；同班同学说："以前只听说过衡中，今天竟然有同学是衡中的！"

军训，军体拳方队左后方传来一个声音："我是衡中的。"英语课，抱着积累本进入教室，旁边一个女生激动地问："你衡中的？我也是。"第二食堂，正和同学聊着衡中，对面一女生问："你们谁是衡中的？我也是衡中的。"学生宿舍楼门口偶遇，惊喜的声音响起："咦？是你！衡中校友！"

——衡中的孩子们，大有铺天盖地之势……

来自石家庄二中的同学无奈地说："以后我不说我是河北的了，遇到老乡都问我是不是衡中的……"

离开衡中，衡中并没有离开我，我看到、听到跟衡中有关的消息总会激动半天，见到衡中的同学也会觉得分外亲切，即使以前在母校时不认识。

衡中，已经成了一个永不磨灭的印记、一个后天的胎记……回想起衡中，发现高一第一节班会上第一任老班说得一点没错："来衡中后悔三年，不来衡中后悔一辈子！"

那里有我最美好的时光，有我最无瑕的记忆，而在 410 的日子，是最峥嵘的岁月……

如果说衡中高手如云，那么 410 人就是高手中的高手。我的学号不靠后也绝不靠前，我最低迷的日子是 410 建班一周年那会儿，觉得自己很拖后腿，跟那些大神没法比。一周年班会上，信老师让我们回忆了建班以来发生在自己身上的关于 410 的点点滴滴……我听着听着，激动，触动，感动……那些一起走过的日子，到最后就只剩下一个念头：感谢老天给了我与 410 的缘分。我为我是 410 的一员而自豪。想起《士兵突击》里面的老白在强悍的钢七连里是老末，但他宁愿做最

优秀团队中的最后一名也不愿做其他连队里面的“佼佼者”。我也是这样，能成为410的一分子，我自豪，我骄傲！

有一天下雨，我不由得想起母校信老师讲的“暴雨筛”。大学没有人管你是否迟到，高中时却是信老师以身作则，有她的言行和故事在精神上约束，有兄弟姐妹们用行动来维护。410有个不成文的约定：遇上恶劣天气更不能迟到，甚至要更早。

到了大学，过了吃饭点还赖在教室，却不再是为多做几道题、整理积累本，而是舍不得没看完的小说。真怀念高中那些废寝忘食拼命学习的日子。昨天看到一篇微博，是作者反思上大学后我们曾经的梦想被慢慢淡化，转载的人说看到这篇微博时正准备收拾东西回寝室，但看完之后又重新坐回座位专心上了一个小时自习。是啊，那种教室里空荡荡的感觉却让我的心满满的，那些曾经的梦想、奋斗！

衡中留给我们很多精神上的财富，也有很多很有用的习惯：预习时会怀念那些学案、自助，写作业时会怀念那些按题型整理的作业，复习时会怀念那些总结学案……还有“迅雷不及掩耳之势”的衡中速度（哈哈，起晚的时候这个习惯很给力，绝对不会迟到）。记得被衡中餐厅窗口打饭的大妈催促:“同学，你要什么，快点说,后面还有好多同学呢！”而大学的餐厅窗口没人催促提醒排在前面的人，赶上人多的时候，半个小时也轮不上排在后面的同学打饭。还有，高中时会查内务，甚至查课桌里的书摆放是否整齐，当时觉得很不近人情，现在才发现这样要求的好处。在大学里已经没人这么要求你，做得不好也不会被通报、扣量化，但是你在母校已经养成了习惯，会自觉做好。

其实好想重来一遍高中生活,那种集体为了某个目标做某件事情的感觉真好。现在虽然有个班级，但实际上每天只跟同寝室的人一起上课一起吃饭一起自习，一个班的同学很少凑到一起，完全没有了那种大家庭的感觉。每周的周日测试、班会也没有了，代替班会的是心理辅导课，但是听的人很少，能听得热血沸腾的更少了。还记得高二有一段时间我们班的整体状态不是很好，班主任信妈那周班会什么也没说，只是关上灯，让我们站起来一遍遍唱着班歌《倔强》。当时我哭得稀里哗啦，痛下决心要努力提升自己，为班级状态提升尽自己的一份力，我想其他人也是这么想的——“我和我最后的倔强握紧双手绝对不放，下一站是不是天堂就算失望不能绝望。”还记得高三班主任王文霞老师召开的每一节激昂班会，听得我们斗志昂扬；也记得她顾不上自己的女儿，很晚不回家坚持给我们周测监考。老班们，你们是最伟大的！当然还有奥赛教练员们，我们生物是于妈和飞哥。于妈不知疲倦地写着一张张总结，还教会我们行之有效的方法，在我们状态不佳、调整不好奥赛与高中课程的关系时耐心地与我们交流，提出一些意见。生活上老师们就像妈妈和哥哥，给我们无微不至的关怀。

我觉得高中还是应当有些理想的。官方一点，就是对未来的规划，要基于兴趣，考虑你想要成为什么样的人，要怎么度过这一生；平民一点，“短浅”、现实一点，就是想想你要考上什么大学。当你通过努力进入理想大学的理想专业，那时的你绝对不会觉得是一种学习的终结，觉得完成了人生最大的任务，而是会很快乐、斗志昂扬、充满渴望地开始新的起点的学习。真的，学自己向往已久的和学临时被分配的或者胡乱选的专业，起码在心态上就有很大差别，而心态的影响恰恰最大。

衡中真好，410 真好，让我在怀念高中那些青葱岁月时不是空余叹惋，而是能与原来的同班同学一起聆听彼时花开的声音，去共同完成对过往时光的采撷。大学时，当清晨第一缕阳光斜斜地射向披着薄雾的操场，我会想起衡中那整齐的队列、嘹亮的口号；当老师们在黑板上移动出白色的粉笔印迹，我会想起衡中的老师们也是这样，用白发换了青丝，将敬业写入教育青史；当走进食堂，看着拥挤的人群，我会想起衡中自觉的队列、看书的身影，当然还有查跑饭的小红帽们；当傍晚教学楼的探照灯亮起，我会想起为了多做几道题而耗到最后一遍铃声响起的苦学者（我还记得分班后要想见原 410 的人，只要晚些回宿舍就行了，因为 410 的人基本都学到最后才离开教室）；当听到铃声，我会想起衡中被细细划分过的时间，每一秒都被精确规划；当望着嗡嗡响的电风扇，我会（充满忧伤与愤恨地）想起衡中宿舍里的空调；当咬着传说中赖以生存的煎饼，我会想起衡中二楼餐厅的牛肉罩饼（垂涎三尺）；当打开手机发短信，我会想起衡中高三的假期每天要向老师发三条短信汇报当天的学习情况……起风了，我会想起坐在衡中揽月楼的四楼听风呼啸过校园；雨水打落了木槿，我会想起 410 几个人挤在一把小伞下躲着地上凋零的花赶向餐厅，第二天又会看到新绽开的粉色花瓣对着阳光微笑；下雪了，我会想起410人凌晨5点30分颤抖着用拖布打扫雪（也不是没有铁锹、扫帚，只是参加的人太多了，工具不够用），以及扫完雪后堆起的一脸甜蜜的雪人；樱花开了，柳芽绽了，我会想起衡中格物楼后的明媚春光……

虽然生活在变啊／虽然感情在变啊／可是你知道／可是我知道／爱在每一分一秒／只要和你肩靠肩／分享小小的感觉／一切安静了／一切多美好／不在乎这世界有多吵／听花开的声音……

失去了才知道珍惜，曾经的美好都放在心底

高岩，北京交通大学自动化专业

从高中步入大学的校园，一切都是那么的不同，几年的大学生活让我有了很多的感受，也改变了许多。

我觉得，如果你想轻松地度过大学四年，那么没有人阻碍你，你会过得很惬意。但是我想说的是，如果你想顺利地毕业保研，那么大学和高中的学习是一样紧张的。就拿我来说吧，大学时我们还没有进入专业课的学习，但是高数也是有一定难度的。老师不会督促你去学习、学会、弄懂，我们能依靠的只有自己。我们宿舍的室友会一起去自习室一起学习一起讨论，直到弄懂为止。对于英语来说，很长一段时间我不知道大学英语到底要学什么。上英语课老师不会给你讲知识，只是用英语和你聊聊天。迷茫了一段时间，我问老师大学英语要怎么学，得到的答案是自学。

在大学，我也彻底感到了压力。大学生活不仅仅是学习一个部分，人际关系、社交能力还有实践能力都是必不可少的。虽然课程确实少了，但我们要考虑的事情太多了：要考虑毕业后是就业还是读研，要考虑选修什么课才能修满学分……总之，大学并不是那么轻松的。

很怀念过去的高中生活，虽然很苦却很快乐，用一句话总结就是“痛并快乐着”，也许那种生活就是所谓的充实吧。我怀念410班的兄弟姐妹，怀念那些教过我的老师，怀念一起度过的中秋之夜，怀念在一起远足，怀念在一起跑操，怀念在一起学习，怀念一切的一切。母校是什么，母校就是你在校时每天都骂，离开后却不允许别人骂一句的地方。确实是这样。我们习惯了早晨5点30分起床后奔向跑操地点，在操场上大声地背诵课文；习惯了整齐划一的跑操和震耳的口号“我做我能，我信我行。四一零班，奥赛称雄”。

衡中不是天堂，但也绝不是人间地狱。在那里，我学会了承担责任，学到了

无尽的知识，和一群人在一起努力地奋斗。410 班注定是一个无法忘怀的班级，我们是一家人，是一个团队、一个集体，我们曾经在一起经历了无数次的战斗，打赢了无数次的战斗，我为能在 410 班学习感到自豪。当你走在衡中的校园里时，会有许多人羡慕你是 410 班的一员。

如今，我还清晰地记得在 410 发生的好多事。当我们“稀里糊涂”地进入 410 这个奥赛班就注定了我们的与众不同——我们要承担更多的压力，我们要学习更多的课程，我们的时间更紧。但是种种的困难在 410 这个大家庭面前都变得渺小了，71 个兄弟姐妹的共同努力让 410 变得那么强大那么团结。我们有自豪也有压力，因为厉害的人那么多，这也促使着我更加努力追赶，不断地提升自己来弥补先天的不足。还有就是我们一直坚持的班级日志记录了我们每天的生活，信老师将它出版后使更多的人认识了 410 班。也许这也是我们班的独到之处吧——并非每个人都是天才，但却凭借自己的努力赢得了校园内外的尊重。

每当我坐在大学教室里的时候，就会想起我在衡中学习的一幕幕，疯狂地背书、写作业。这也许就是一种衡中精神吧，一种支持所有衡中人走向辉煌支点的精神。大学时听了一个学长的报告，了解到提前实习是非常必要的，不一定领多少工资，而是真正地走出校园锻炼自己，积累自己的人脉、技术、经验，这些都是日后找工作的基础。

大学的不容易也由此体现，我们需要考虑到就业的问题，所以学习之外有许许多多的东西都是很重要的。在衡中，老师会安排我们的一切，而在大学我们要安排好自己的一切。

爱迪生说天才是百分之九十九的汗水加上百分之一的灵感，这句话很老套却很实用，大学勤奋必不可少。

也许有些生活失去了才知道珍惜，有些习惯丢失了才知道后悔。衡中给了我太多太多，410 班赋予了我太多太多，让我结识了朋友也收获了感动。正如我们班的班歌《倔强》一样，我们一群人倔强地走在奔向成功的道路上，朝着我们的梦想一步一步地迈进。

我最爱的 410，I love you，永远！

度过了多少春秋冬夏，我和我的家一起长大

金幼晗，对外经济贸易大学金融学专业，自主招生

离开衡中久矣，离开和我一起笑过哭过、一同成长着的 410 也久矣。记忆是很容易褪色的，而那不时在脑海中闪过的画面却如同多年泛黄的老照片，在岁月深处刻下深深浅浅的纹路。

还记得刚刚进入 410 时那个胆怯青涩的身影，揣着些许憧憬、些许好奇，误打误撞、冒冒失失地闯进了 410 的大门。我是个慢热的人，一个人面对一个集体确实是不那么容易习惯的。第一次月考结束，当那些来自省内各地的佼佼者面对第一次的失落学会掩饰自己的黯然神伤转而微笑着鼓励他人时，我第一次真真正正地被这些微笑着的可爱的脸暖化了。到底是什么打动了当时的自己？也许是和这群从小被视为老师宠儿的好孩子一同接受的失败第一课，也许更多的是明白了在自己难过时身旁还有那么多人，他们需要你，需要你用微笑去鼓励和安慰。就这样，我慢慢地习惯了身旁有那么一群人，陪我一同成长，一同迎着风雨歌唱。

410，要用只言片语整理出对你的记忆的确不容易，更何况如今的我们在分离中各自也改变了那么多，可有些东西已深入骨髓，成为每个 410 孩子生命中的一部分，无法剥离。

我仍记得，在冬日昏黄的灯光下，在瑟瑟寒风中，一个个冻得通红的小脸，每个人手里还捧着一本或大或小的书。没人要求我们在跑操前的几分钟里记住多少个单词、多少首古诗，但我们还是拼了命地往脑袋里塞。当我终于从高考的独木桥中挤了出来，还常常想，支撑着那一个个小小身影的该是怎样强大的梦想。

我还记得，竞选“十大学星”时一位 410 同学的演讲词：“人家都说我们奥赛生绝顶聪明，是一个个学习高手，只有我们自己知道我们是一群傻子，一群执着的傻子，为了梦想只知前进，即使碰得头破血流。还好，我亲爱的兄弟姐妹们，

一路有你们陪伴。”

我更记得，在那个漆黑的晚上，那个燃起心中倔强之火的班会。我们关掉所有的灯，一遍又一遍地唱着我们的班歌《倔强》，声音渐渐从清亮变得嘶哑，最后带着哭腔，一遍比一遍洪亮，心中那点亮光也随着歌声一点一点燃成了希望之火。倔强，一群倔强的孩子，我们不是神的孩子，可我相信，神会祝福我们。

此时此刻，我匮乏的语言真的无法完整表达出真实的心情，只有亲身经历过的人才能体会这是一笔怎样庞大的精神财富。我相信每个走过高中的孩子心中都会有分外柔软的感触，我只想说，和我并肩过的善良的孩子们，和我一起成长过的兄弟姐妹们，你们给过我一个家，一个在迷茫无助时可以寻求温暖的家，而我此刻能给你们的也只有最深的祝福：愿前行的路上一切安好。

关于大学，我将一个老师曾告诉我的话写下来与大家共勉："一个人丢了什么都不能丢了头脑、丢了思考，要做个清醒的人。大学也是价值观形成的时期，不要让浮华迷了自己的双眼，要学会用自己的目光去判断是非，找到自己应走的路，做一个大写的人。"朋友们，进入大学意味我们已有了不同的前行方向，但不管未来在哪行哪业，我希望你们活得快乐、活得正直。

还在高中的学弟学妹们，我以我并不成熟的视角给你们一些建议。外面的生活的确很精彩，但要想挺胸抬头地走出去就需要用辛勤的汗水来交换。我理解，高中尤其是高三被铺天盖地的卷子包围的艰辛，我更理解被老师、家长深深期盼着的疲惫，但请相信，所有的努力都不会白费，所有的汗水都不会白流，带着你们心中的那份梦想义无反顾、所向披靡，这才是我们高中学子应有的姿态。借一位同学的话赠予你们："前面的路很坎坷，可即使跪着也要把它走完。"另外，梦想的实现需要的不仅是仰望，更是俯身的耕耘，踏踏实实地做就好了。

有太多的话想说，可又有太多的话说不出口，语言如此苍白，远不如亲身经历来得璀璨，那就到此为止吧，更美的风景在每个人的心中。走吧走吧，人总要学着勇敢长大。

花开的季节，种子的回忆

张肖荻，对外经济贸易大学会计学专业

“大家好，我来自贵州贵阳……”大学时，自我介绍环节听到前面一位同学这样开头，我也如法炮制：“大家好，我来自河北衡水……”“哇”“天啊”“军事化啊”“管理变态啊”“你们题太难了”“我们的老师去参观过”……我不得不停顿两分钟，否则他们对衡中的评价说不完。

这是在不同的场合重复过无数次的场景，每一次心里都是很复杂的：既幸福（因为我是衡中人），又有点担心（害怕能力不够给母校丢人）。说实话，当初包括现在也是，不喜欢衡中办得这样“路人皆知”、名气太大，给老师和学生们太大的压力。不过压力也是动力吧，这种动力一定能让衡中人走得更远。

还记得当初有人参观我们的学校，看我们跑操，吃着传统的小炖肉的我们戏称自己是动物园里的猴子供人观赏；还记得5点30分准时起床，在昏黄的路灯下大声念书的一千多个日子；还记得老班们披星戴月，开一晚上会，仍然在晚三跑到教室查看同学们的状态；还记得集体进入状态慢时信妈妈眼里的失望；还记得热血沸腾鼓足干劲的班会；还记得宿舍里吃吃笑笑闹闹的声音被一阵铃声无情地打断，对纪律的严格执行是衡中的不二法门……衡中早已经成了我生命中的一部分，无法割舍的一部分。

6月8日，考完最后一节英语，我对班主任说：“老师，我不想把这些书搬回家了。我考得特别不好，可能回来复习。”老师也不知道怎么安慰我，只好说：“没关系的，你怎么知道成绩不好？”

从6月13日一直到21日，我估分后，发现语文选择题错了一半以上，心跳快得受不了。妈妈给了我很大压力，我也不知道怎么交代，做好了复读一年的准备，等待着判卷人的裁决，因为我只估了620分。

6月22日，20点我就坐在电脑前等待结果。QQ群里人好全，大家说着淡淡的笑话，每个人都很淡定的样子，不过很少有人真正笑得出来吧。

23 点 30 分，婷婷第一个把分数截图发到群里，忘了谁说了一句“好啊，又一个清华”。看到我的成绩，660 分，爸爸亲了我一下，然后向亲朋好友、同事邻居报喜。

我到了对外经济贸易大学，学的是我最心仪的会计专业。虽然 660 分在衡中成绩单里显得那样不起眼，但是，这毕竟是我 3 年苦读的结果，我尽力了！没什么后悔的！摆弄着蓝色的录取通知书，我笑得很开心。

宣传一下我的新学校，对外经济贸易大学简称“对外经贸”，211 重点大学之一，财经类院校。因为不是综合类大学，所以没有进入 985 大学名单。对外经贸在北京名气很大，和衡中同年成立。学校位于北京市区，是离鸟巢、亚运村最近的大学，所以学生组织和活动很多，比如志愿者征集、招聘会、SIFE，等等。

我对 UIBE 印象特别好。开学前，学校随录取通知书寄了一本小册子，介绍得很详细：学校地址，乘车路线，户口迁移问题，教师寄语，日程安排，宿舍情况，周边超市、饭店、宾馆……详细完备到了极致。到了学校后才知道，这些都是在老师的指导下由学长学姐们制作的。一切都很贴心、很温暖，我情不自禁地想：“有没有一天我也可以做得这么好，能帮助以后的学弟学妹们呢？”我加入了国际商学院的志愿团活动项目部，成为北京市新一批志愿者。我相信自己有能力、有信心坚持到底，把工作完成好，履行一份社会责任，也希望迎来更多有爱的学弟学妹们当接班人！

刚进大学，看到很多部门在招新，便挑自己感兴趣的大学生创业中心、勤工助学中心、志愿服务中心、辩论协会等报了名。接下来是铺天盖地的一面（第一次面试）、二面、三面……面试的过程中，我真的感觉到了自己在社交能力上的欠缺。部长们（也是大二、大三的学长学姐）会故意提一些很难回答的问题，或者让几位面试者一起策划一个活动。他们并不是想看你的答案有多正确，而是想看到你的从容不迫，会合作，会交流，会微笑着化解难题。我也很高兴接受了之后的被接受或者被淘汰，这个过程于我是种享受，因为这是我大学生活学到的很有用的一课。我清楚地知道，我即将走入成人的行列，我需要找合适的机会弥补自己的短板，让自己的人生丰富完整。

大学是一个舞台，更是学习的天堂。大学有很大的图书馆，有无数间自习室，有“刷呆”（什么意思要进贸大才知道哦，小朋友们快来啊）的好去处……课表空一半，支配时间更加灵活自由。虽然刚入大学有一阵子还没有整理出头绪，没形成一定的生活规律，但我的生活会越来越有条理，我坚信不疑。

想家，想衡中没有星星月亮的一个个不眠夜，想起信妈妈、于老师、王老师奋战在高考前线把更多学生送进高校大门，想起发自肺腑的誓言，想起常人难以理解的大声呼喊理想……

我为成功而生，不为失败而活；
我为胜利而来，不向失败低头。
珍惜分分秒秒，摒除一切杂想；
我将全力以赴，共筑一零辉煌！

还在学校读书的孩子们，珍惜衡中生活吧，不要盼着摆脱母校。高考早晚会改革，分数不一定是硬道理。但是在衡中学到了知识，学会了做人，真的可以应用一辈子。在学习过程中要自我管理、自我放松、拓宽思路，听老师的话。加油吧，后浪总会比前浪更高、更美，期待衡中更好的未来！

谨以此文，献给我亲爱的410、敬爱的老师、衡中的学弟学妹们和所有关心我们的人。

读书消得泼茶香

夏美琨，南开大学材料化学专业

中秋之夜，新开湖边，寂静，淡橙色的灯光，空落落的教室……

操场，大而明亮的月，希浩哥的儿歌，白大哥的宝塔诗，常豆与色松以月亮代表心，月饼与香蕉……

大教室，Bohrium，Astatine，Mercury……

70 多个人，满满的书桌，神采飞扬的老师，表情认真的我们……

瓶瓶罐罐，气液固体，硫酸洗手，氢气呛人……

生物实验室，福尔马林，蚯蚓蛔虫，花蕾辣椒，气味袭人……

慈祥细致的车奶奶，极富思想的英文老师，年轻美丽迷人的高数君君，不知怎么形容才贴切的信妈妈，最难忘的于妈妈，优雅的尹老师，飒爽霞姐，还有我们的英俊飞哥……

寥寥的作业，放缓的节奏……

铃声之间奋笔疾书，下课后揪着催交作业的科代表再写几个字……

天天泡图书馆，想看的书没找到，却发现想看好几年而未遂的书突然闯入视野，无比惊喜……

难得进图书馆，似乎就没借过书，遗憾……

灿烂的阳光，窗台上的绿色植物，很古老的讲蒋捷的线装书……

只有课本和辅导资料，看奥赛书解闷……

还算精致的食堂，比较诱人的食物，一个人细嚼慢咽……

假期不回家和室友各种零食、聚餐，各种吃……

奥赛教室的巧克力和苹果，熄灯后的窸窸窣窣、小心翼翼……

稀奇古怪的社团，丰沛的活动，一直不停地笑啊笑……

偶尔放个电影便如过节，“学星”“优秀班长”评选，教师节晚会，密度很低……

手机，笔记本，各种辐射……

电话卡，仅此而已，仅此而已……

踩碎落叶，漫步，发呆，在湖边……

随身带着小册子，不学习会有罪恶感，一根弦，紧绷……

窝在宿舍，起床休息，时间随意……

铃声，铃声；跑操，跑操……

无数的片段想了很长时间，过去与现在，还有未来。

15 岁，军训。有轻微的雾气，我们踩过湿漉漉的操场，空气中弥散潮湿的味道，感觉如此青涩陌生。忧虑自己缓慢的吃饭速度。12 个人的宿舍。夜晚，树影洒在窗户上，微弱的灯光，风在窗外吹过，泼墨山水。食堂二楼的粥铺面馆、冷食部、火腿卷、咕咾肉套餐。拦不住的跑饭。

无数的铃声是庞大帝国的蚁后，铃声一旦瘫痪，我们这些小蚂蚁就手忙脚乱。5 点 30 分起床，跑操，早读，早饭；学习，午饭；学习，午休；学习，晚饭；学习，晚休。熄灯后，据说男生习惯夜聊，女生会选择吃东西。周而复始，周而复始，周而复始。

讲课时总是微笑的神采奕奕的信妈妈，最动听的高跟鞋声。于老师的饺子，精心布置的奥赛教室，大堆奥赛书。于老师侧过脸，眼中温暖笑意，很自然地拉起我的手。

汤圆，月饼，木槿；坚韧，质朴，永恒，美丽。春天，玉兰，粉白的樱桃李；夏天，日光倾城，怡人的绿色；秋天，高远的天空，操场上金黄叶子的树美得像一幅油画；冬天，飘着小冰晶和小雪花，扫雪。

格物楼二层，揽月楼四层、六层，东区小平房。

远足时的《东风破》，外出培训时的行李箱，生日祝福，最后的那首《倔强》。

各奔东西。

大学校园，马蹄湖的荷叶已经泛黄，初来时还是满塘绿意。经常在图书馆，穿过一片片书架森林，阳光洒在吊兰与芦荟上，也铺满我的书。有光代替了太阳，虽然没有太阳那么明亮，但对我来说已经足够，凭借这份光，我便能把黑夜当作白天。下雨天时，银字笙调，心字香烧，我的樱桃与芭蕉。在校园散步，广播里放着安静的歌，日光透过白桦，幼儿园里滑梯如此欢快。夜晚时，暗暗的路灯，灯光默默陪伴自己映在湖里的影子。在A座小教室里自习，偶尔想推开门去阳台，看来来往往的人，看天空。这里的天空很蓝很美，大朵的纯白的云，想建一座天空之城。

我的410的兄弟姐妹们，我们互相陪伴着长大，相携着走过了很重要的一段旅途。我们穿过了一片热带雨林，手牵手，繁茂的藤蔓，斑斓的蝴蝶，绮丽的兰花，色彩艳丽的果实。也许有时会有人受伤，但是当我们泛舟时，星空无比璀璨，花香草香如蒙蒙雾气般氤氲。我们捧着满满的时光前行，分分秒秒从指间流泻，转身回望，那些曾经都闪烁着细碎金子的光芒、温柔的质感。我们拥有夕阳红般的笑声、银白色的泪水、香草味的温暖，那些记忆专属于我们，是我们最珍贵的宝贝。

听着《*Cry On My Shoulder*》写下了这些字，歌词也是我想对身边所有人说的话。

If the hero never comes to you

若英雄不来救美而你无法退场

If you need someone you're feeling blue

若你需要个人而你正为此忧伤

If you wait for love and you're alone

若你在企盼爱而你偏独守空房

If you call your friends and nobody's home

若你给朋友打电话却没人在家

You can run away but you can't hide

你可以逃避但你绝不可以隐藏

Through a storm and through a lonely night

一场风暴一个孤独的夜晚过后

Then I show you there's a destiny

我让你明白人各有命成事在天

The best things in life, they're free

生命中美好的东西，那是无价的

But if you wanna cry, cry on my shoulder

但若你想哭，想哭就靠我肩膀上

If you need someone who cares for you

若你需要人关怀

If you're feeling sad your heart gets colder

若你时时感觉悲伤内心寒冷

Yes I show you what real love can do

是的我来为你展示真爱的奇迹

If your sky is grey oh let me know

若你的天空阴沉一定告诉我

There's a place in heaven where we'll go

天堂有个地方我们会去一趟

If heaven is a million years away

若去天堂的路有要走一百万年

Oh just call me and I make your day

哦给我来电我会让你开心

When the nights are getting cold and blue

当夜晚变得寒冷和忧伤

When the days are getting hard for you

当白天对你变得艰难

I will always stay here by your side

我会守在这儿在你的身旁

I promise you I'll never hide

我承诺我绝不逃避

But if you wanna cry, cry on my shoulder

但若你想哭，想哭就靠我肩膀上

If you need someone who cares for you

若你需要人关怀

If you're feeling sad your heart gets colder

若你时时感觉悲伤内心寒冷

Yes I show you what real love can do

是的我来为你展示真爱的奇迹

But if you wanna cry, cry on my shoulder

但若你想哭，想哭就靠我肩膀上

If you need someone who cares for you

若你需要人关怀

If you're feeling sad your heart gets colder

若你时时感觉悲伤内心寒冷

Yes I show you what real love can do

是的让我来为你展示真爱的奇迹

What real love can do

真爱的奇迹

What real love can do

真爱的奇迹

What love can do

爱的奇迹

What love can do

爱的奇迹

不经风雨，怎见彩虹

李洋，吉林大学应用化学专业

提起笔来写这篇回忆录时，我想起了一句话“母校就是你一天骂八遍，却不允许别人骂一句的地方”，我想以这句话作为这篇文章的基调最为合适。

当我们刚进入衡中时，都曾抱怨过衡中的纪律——严格，苛刻，甚至有点儿过分和离谱，连发型衣着都要管。军事化管理让我们苦不堪言，住宿生活也让我们分外想家。但是现在想来，衡中的生活也是最美好的。背井离乡的我们来到衡中，这份规律的生活让我们的学习之路分外平坦。每天的早操跑出了我们的士气，喊出了我们的梦想，也练出了我们的健康。严谨的生活让我们学得更有效率，严格的纪律给了我们更清净的学习环境，更单纯的学习，严厉的老师则教给我们更多的知识，而这一切是衡中给予我们的最宝贵的财富。

学校所有的工作人员都很辛苦。我们的老师每天备课都很认真，所讲的课程都是他们多年教学的精华。班主任更辛苦，除了讲课、处理班级的所有事务，还要查宿舍，比我们睡得还晚。食堂的工作人员也不容易，每天起早贪黑地为我们做出可口的饭菜，让我们健康地学习。最辛苦的是教育处的老师们，每天到处检查纪律，还要跟我们“斗智斗勇”，承受体力和脑力的双重压力。学弟学妹们一定要珍惜他们的劳动。

作为奥赛生的我在刚进入410时也有些迷茫，有种被“骗进来”的感觉。但是现在，我认为即使是被“骗”也是心甘情愿的，因为这是我的家，一个温暖的家。我们是一家人，相亲相爱的一家人。老师是我们的家长，同学是我们的兄弟姐妹，我们一起快乐地学习、生活。虽然这些话有些老套，但却是最准确地形容我们的话。作为一家人，快乐的事一起分享，痛苦的事一起分担。逢年过节大家一起表演节目一起庆祝，每到兄弟姐妹过生日也一起送出祝福。比赛时，场上的人奋力拼搏，场下的人拼命地呐喊助威。成绩好时大家一起欢呼，成绩低落时大家一起努力；纪律好时大家一起维护，纪律差时大家一起挨批。教室里大家拼命争论，宿舍里大家相互调侃。快乐的时光在快乐的生活中迅速地流逝，想留都留不住。最后，苦涩淘尽，只留下甜蜜与温馨。

成长路上，我们一起走过。前进时大家互相推动，跌倒了大家互相搀扶着站起来接着走，从未落下一个兄弟。一起时大家是兄弟，分开了依旧是兄弟。这就是我们的家，我们的 410。

从衡中毕业后，我考入了吉林大学化学学院，也算是一个梦寐以求的高等学府。关于大学的生活，我用 4 个词来形容：繁重，轻松，丰富，乏味。繁重是因为要学的东西实在是太多了，轻松是因为时间再也不像衡中那么紧张了，丰富是因为课余活动可以有很多很多，乏味则是因为学习的内容太干涩艰难。

其实将大学生活与衡中生活相比，我觉得还是衡中好，大学生活太不规律了。我们宿舍只有 4 个人，但是由于东西太多，平时上课又很累，再加上玩得太专注，也就不好好整理，导致宿舍太乱。大学的校园很大，教学楼很多，课程太散乱，东上一节课西上一节课，教室也得老换。最重要的是吃饭的时间没法固定，得跟着课程走，有上顿没下顿的。睡觉也不规律，忽长忽短的，生物钟都混乱了。这些对健康影响很大。衡中就很好，每天的时间点都固定好，饭菜也很好吃。大学的好处就是时间充裕，想干啥就干啥，自由快乐。但是，大学的知识太难，内容高深，需要的时间更多，想真正地学好，课余时间就不会很多。

亲爱的学弟学妹们，作为你们的学长，我希望能给你们一点儿经验，对你们的学习有所帮助。语文代表着素养，所以语文重在感受，感受作者的感情来把握方向。数学是自然学科的基础，需要的是练习，大量地练习，通过练习理解数学的意义，掌握数学的技巧。英语和语文相似，都是一门语言，所以除了感受之外，还需要大量的阅读摸索英语的感觉，需要大量的背诵来掌握英语。理综是重中之重，重在理解，理解每一个知识点、每一个公式的真正意义，这样才能做好题、拿高分。

一个好学生的各科成绩都是均衡中有一部分突出，没有明显的弱势学科，也只有这样才能学好。均衡就意味着每一科都非常重要，都要学好才行，不要等毕业以后再追悔莫及；突出则代表着你的兴趣与擅长。每个人都有自己的兴趣爱好，要注意发展，这不仅会让你在选择专业时更加明确，而且会让你以后的生活更加快乐。

你们现在拥有的最宝贵的就是时间，有时间一切皆有可能。你的同学也十分珍贵，他们要陪你一起走过短暂的高中时光，一起学习，一起生活，陪你同甘共苦，陪你风雨兼程。像我们 410 一样真正融入你的班级，融入你的兄弟姐妹之中，享受温馨，享受快乐。当你们真正经历过高三的学习之后，你才会真正明白我的话。

说到底，大学的生活也不是你们想象的那么幸福，所以还是好好珍惜现在的时光吧，珍惜衡中的严格纪律，珍惜师生之间的真挚关系，珍惜同学之间的真挚友谊，珍惜你现在所拥有的一切。

希望母校越办越优秀，将属于衡中的传奇续写下去，让辉煌继续存在；希望 410 的兄弟姐妹们永远幸福快乐；希望学弟学妹们的学习越来越好，考入理想大学。

踮起脚尖，就更靠近阳光

杨晓鹤，哈尔滨工业大学通信工程专业

2012 年 6 月，无论那时的天空是湛蓝还是灰色的，我们都一步三回头地离开了衡中。心里苦，离开了自己奋斗 3 年的沃土；心里乐，有一个飞翔在空中的梦想和十分快乐的假期等着我们。我们总是在想，为什么梦想容易跌落；我们总是在问，为什么梦想那么丰满而现实那么骨感。其实，生活和奋斗本身就是一道美丽的风景线，跌落处也有梦想。

来到哈工大，我觉得这个学校二区怎么跟高中似的，后来渐渐发现，原来它具有衡中的某些特质：硬件虽不是最先进的，建筑也大多古香古色，但内涵超棒。我可能缺少了其他同学拥有的美丽的校园，但我一点也不后悔。来到这个被称为“东方小巴黎”的北方冰城，我距离 410 的兄弟姐妹们更远了。410 的那些花儿，分散在祖国的各个角落，却共同地心属衡中、心属 410。有时遇到困难、受到委屈，我会告诉自己，我是衡中人，不能给母校丢脸，一定要争气。当我说出我对大学学习的一丝担心时，学姐告诉我说，“怕什么，别忘了，你是衡中出来的”。

有时候，我会默默地想起在 410 的幸福。

记得 410 的每一个温暖瞬间。信妈妈第一次出差，我们的表现很让人头疼，但后来终于渐臻佳境。远足时，我们有飘扬一路的歌声、想唱就唱的勇气，即使脚上磨出了水泡也拥有坚持不掉队的毅力，还有常宇同学的悠扬歌声。评选“十大学星”我们一腔热血，评选“最受欢迎教师”我们勠力同心。成人礼我们一起走过红地毯、迈过成人门。元宵节我们猜灯谜、吃汤圆，还记得 Mary 勇敢地吃掉剩下的汤圆吗？中秋节我们一起吟诗赏月、吃月饼，享受着团圆的甜蜜。还记得不论是数奥生、生奥生、信奥生培训还是比赛，黑板上总有一个温暖的地方倾诉着对远方亲人们的想念、关切和祝福吗？犹记得那次班会，在关着灯的黑暗中我们唱了三遍《倔强》，直到热泪盈眶。我们用自己的声音传递给每个人力量。

当然，更多的爱流淌在日常的点点滴滴中。还记得冯悦放在讲台上的鲜花、雅桐写在黑板上的祝福、肖获送到老师那儿的感冒药，还有生日时一声声的祝福、培训回来一套套分好的卷子，真心感动。

直到我坐在大学的自习室里，仍回忆着在410的点滴感动。衡中到底给了我多少，让我成长了多少，这已不仅仅是成绩单上的一个数字，而且无论我们爱母校与否，都无法否认母校对自己的积极影响。看了同学的日志，我才清楚，原来如此恨是因为太爱了……所以，当学弟学妹们也在学习中痛苦煎熬而迁怒怨恨学校的时候，一定想想日后失去了会怎样舍不得。

以前总是听人唠叨，听外界传播，说衡中多么厉害，是全国十大名校，我们当时也在心里嘀咕，直到我来到哈尔滨，才真正知道衡中在全国的地位——连哈九中都会用衡中的教辅。提起我是衡水的，几乎所有人都会说到衡水中学，我心里就会有一点小幸福、小自豪。和大学的学长、学姐们聊天，时常说起衡中的老师、衡中的生活、衡中的趣事。只要你是衡中的，无论离家多远也不会感到无助，因为有一群兄弟姐妹时刻准备帮助你。社团招新时，我参加了创新协会调研部，面试考查的是对调查问卷的设计、对老师的采访，我顺利过关后，我想这是衡中培养我的能力。

分享一下我在大学的生活吧。

刚开学进行了15天的军训，还是和衡中一样的生活，每天都很紧张，不过大学的军训有趣多了，我们班这个“飞虎队”在军训中衍生出了队长、党委书记、政委、副队长，等等。教官会快速念“稍息”“立正”“跨立”“向左转”，等等，还说什么“我下错了口令是我的错，你做错了动作就是你的错了”，逗得大家十分开心。教官会称为数不多的女生为“小姑奶奶”“老佛爷”“兔姐”，会教我们唱许多军歌。我们会和教官一起去唱K。军训结束时，我们把教官堵在男生宿舍六楼，围攻送教官走的车。军训只是大学生活的序幕，有高中生活的影子，也映出了大学生活的面容。

终于等到了第一天上课，觉察到自己不是很适应，后来明白自己不能奢望大学教授像衡中老师那样有激情，只能要求自己努力认真听课，而且一次听懂，因为没有第二次。原来大学的课程表也可以很满，大学的课间楼梯也会很挤，大学餐厅有时也会排很长的队——这些是否颠覆了你对大学的想象呢？反正我是很诧异。后来我开始思索并不断从周围捕捉能启发自己的东西。进入大学之前，我幻想大学会十分轻松，我会有很多时间去参加社团、去游玩，直到经历了才清楚，大学的课业并不轻松，还是要认认真真去学。大学的思修课和衡中的班会课一样有教育意义，老师说起几十年前的大学，说学生都是从早上起床一直学到晚上熄灯。是啊，也许我们走得太远，以至于忘记了上大学的初衷是学习。所以，从20世纪初来看大学的作用，是让学子们进一步深造，而今天在高中生、初中生眼中，大学就是自由，是12年寒窗苦读旅途的终点站。在这里我要告诉弟弟妹妹们的是，你们的想法错了，偶尔的幻想还是可以的，但千万不要本末倒置。

进入大学一个月时，我这只“菜鸟”还是青涩的，不过也些微尝到了大学的滋味。大学是十分现实的，是一个微型的社会，一个纯洁的高中生如果不经历大学的生活是无法走入社会的，因为他缺少独立生活的能力。进入大学才是一个人全面发展的时期，每个人才能充分发挥自己的潜能，培养自己各方面的能力。大学不会埋没任何一个人。

大学是自由的，自我管理很重要。那些课，上，或者不上，它就在那里，等着你。有些人迷恋上了打游戏并因此彻夜不归，最终挂科不少。

弟弟妹妹们，我知道你们此刻正为高考而苦战，我们一样都是追逐梦想的人。请相信，踮起脚尖，就更靠近阳光；心有多大，舞台就有多大。一定要自信啊，如果连你都不相信自己，那么如何要求别人相信你呢？

最后，把张杰的《仰望星空》送给你们，希望每个人都能实现心中的梦。

这一天　我开始仰望星空　发现
星并不远　梦并不远　只要你踮起脚尖
我相信有一双手把我轻轻牵到你的跟前
我相信有一根线将梦想与现实相连
我相信有一种缘会把所有的偶然都实现
我相信就是这一天　命运开始改变
这一天　我开始仰望星空　发现

星并不远　梦并不远　只要你踮起脚尖
我从此不再彷徨也不再腼腆
张开双臂和你一起飞得更远
咿耶咿耶　开始仰望星空　感觉
爱的时间空间　寻找生命中最灿烂的亮点

BE WHAT I WANT TO BE

冯悦，上海交通大学德语专业，保送（奥赛省一等奖）

那些花儿，尽情地开着，为自己的梦想，也为爱着它们的人……

有段时间没写文章了，或者都不能用“有段”来形容这一阶段时间，而是整整半年再加上 20 天。我一直记得保送后离开学校的那个中午，那对小双胞胎姐妹一个在我的左胳膊上一个在我的右胳膊上抱着我哭了；那个中午，小幼晗塞给我一封短短的信，微笑着什么都没说；那个中午，舍友们流着泪却笑着挥手对我说着再见；那个中午我抱给老师两束粉红色灿烂又温馨的太阳花；那个中午，我饭后又回教室，在同学们诧异的目光中离开学校——“啊！我的高中！”望着学校东区的大门，除了这句话我什么都说不出来……

就算到了现在，除了一声“我的高中”的感叹，我依然什么都说不出来。我不明白为什么我曾经那么渴望离开的日子竟让现在的我如此想念，想不透那个让我一度想要逃离的校园为什么美好得一次次让我在梦里无法抗拒。原来学长学姐所说的那一句“珍惜你在衡中的日子吧”不是假的。我在上海这座城市的某个角落一次次想，如果我一觉睡过去，第二天醒来是在母校的教室里和同学们一起上着晨读，那该有多好！

现在的我闭上眼睛，仍然能在回忆里看清印着大大的“晨读时分”的语文学案，仍然有一沓一沓的英语自助；还能看到被我剪粘贴抄画得五彩斑斓却不失规矩的物理改错本，还有每节自习课后都要交的一大沓一大沓的机读卡；更不会忘从四楼握着勺子一步两三个台阶狂奔下去跑饭的情形……对了，还有那一大本让我恨不得吃掉的细胞生物学，那一沓记着一条条生奥小知识点的花花绿绿的小本子。这些有关奋斗的片段凝结成我青春中最闪亮的一部分，而最深厚的一部分莫过于我收获的友情——幼晗，我高中三年的天使，谢谢你带给我最温馨的陪伴、最宽大的包容和一次次细心、耐心地照顾。我还记得每次回校妈妈用一个个洗好装在保鲜膜的苹果塞满我多半个行李箱，记得在我最艰难的日子里爸爸一封封厚厚的来信。爸爸妈妈为我的每一次小小的情绪波动忧虑万分睡不着觉，又为我的一点一滴的进步欣喜不已，这些爱意让我一次次后悔不已初中叛逆对他们的冲撞，也让我越发明白了父母恩是人生中最宝贵的感情。过去是永远回不去的，它存在的价值就是让人在一遍遍的回忆中铭记那些该珍惜的情谊，沉淀那些该懂得的教益。在衡中的记忆将是我人生中最美好的记忆之一，它让我明白了奋斗的含义和向上向善的真谛。衡中让我在 3 年之内完美转型，关于这次转型我真的应该谢谢我的同学和老师。正是这些优秀向上的同学给了我一个完美的大环境，让我一步步完善自己的品行；正是在衡中里幸遇的每一位优秀的老师传授我知识，一个个榜样用她们的认真负责、追求卓越让我明白了我该成为一个什么样的人。

我在 18 周岁整步入大学，大学实在是与我想象的大有不同。大学的学习没有我想象中的那么轻松，基本一天要上 6 小时的课(甚至有一天上了 8 小时的课)，再加上老师讲课实在太快，不预习的话上课难以跟上，不复习的话作业难以搞定，更何况语言学本身就是一种相当实在的技能，学得好不好一张口说话就能看出来，所以每天早上我比别人起早点儿多下点儿苦功是必需的。但我真的不后悔当初选择了德语，虽然在别人看来这不算是理想的专业，可是合不合适只有自己知道，就业怎么样只有数据才能实实在在地表明。我愿意为了我的将来比别人多下一份功夫，因为我说过我要以最好的成绩进入外交部，因为我记得那天在学校和同学们分别的时候是怎样的泪流满面，更因为那天哭的不只是我还有我的爸爸妈妈。“混不好我就不回来了！”这是一句多么霸气的话，其实我心里更想说“爸爸妈妈，女儿不会让你们失望的”。

大学和高中不同的地方首先在于自由度很大。在这个地方，没人管你几点上床几点熄灯，没人管你几点起床几点吃饭，更没人管你上不上自习和在自习课上干了些什么，自然也就不会像高中时有老师查来查去。尽管大学的纪律宽得让人仿佛看不到纪律，但想要好好地度过自己的大学必须要严格的自律。长大了就要学着自律了，不再如小时候淘气时考虑这件事被爸爸、妈妈、老师知道了会怎样，而是开始真正地在心里判断这件事情是对是错。再有不同的地方就是大学生活的确比高中生活丰富多了。我一天的课程基本到了下午 4 点就结束了，不过课程忙完了，接下来的是另外一种忙：学生联合会的会议和活动，学生会外联部的工作。最让我兴奋的是，我谈成了一个交大与新东方联手比赛的活动，这是我第一次作为成年人和正规的组织打交道，看着这样一份完整正规的合同，还有上面一个个琢磨协商后确定下来的数字，心里真的很有成就感。大学是走入社会的第一步，而这些活动真的能为自己积累很多的社会经验，提升自己的能力。我深深地感觉到大学不再像高中一样对学生的评价是以学习成绩占绝大比重的，而是更加看重能力，特别是与人交往的能力。交大有很多的社团和组织，大家报名时往往还是集中在几个比较热门的组织那里。比如，面试学联时报名足足有一千多人，却只有几十个录取名额，其中要经过第一次的单独面试和第二次的群组讨论形式的面试，想要脱颖而出必须要在有限的时间里把自己完整地展现出来，给人留下深刻的印象。除了这种"官僚"类的组织，很有趣的还有一些兴趣爱好类的社团和活动。有一阵子,我的一部分时间就花在了准备一个晚会的舞蹈上。在上大学之前，我对舞蹈的接触真的不多。我觉得在不影响学业的情况下一些兴趣类的学习还是要积极参与，因为有的东西大学里不学以后就真的没有机会学了。不过，不是所有的东西学了都有用，因此学习的时候就不要过于功利，最重要的是在参与活动时付出努力的过程和在这个过程中收获的友情。

如果让我用一个词概括自己 20 多天的大学生活，那就是"选择"。进入大学的我们开始面对更广阔的选择空间、更大的发展平台、更多可利用的机会。在这个地方，没有人告诉你什么是对什么是错，更没有人手把手地教你该要什么不该要什么。一个个的选择也就渐渐决定了 4 年之后的自己成为一个怎样的人、走怎样的路，因此既要渐渐学着把握所有合适的机会，又要瞅准目标脚踏实地；既要及时了解更多机会到来的讯息，又要在机会来临的时候有足够的心理准备和知识储备。永远都不要忘了自己要做一个怎样的人，永远不要失去最初的梦想——我是生物奥赛生，我是上海交大德语系冯悦，我的人生我做主，我就是要做自己想要成为的人！

辛苦三年，幸福一生

姜世磊，上海交通大学机械系专业，保送（奥赛省一等奖）

我是原410班姜世磊，就读于上海交通大学机械与动力工程学院机械系。我是一个生物奥赛生，取得了省一等奖保送至上海交大。

虽然离开衡中、离开410多年，但时间的流逝并没有冲淡我对衡中、对410的爱，反而这种爱更加珍贵，历久弥香。犹记得410班71个孩子和深爱着我们的老师走到了一起，当时或许有一丝恐惧甚至是抱怨，恐惧自己在奥赛和高考两条路上能否都走好，抱怨自己是被"骗"进奥赛班的。但随着时间的推移，随着与老师、同学的深入交往，这种恐惧与抱怨变成了欣喜和自豪，欣喜自己当初选择了奥赛、选择了410，自豪自己是最优秀的中学中最优秀的班级中的一员，从此我们有了一个新的共同的名字——410人。"410"这3个字已经成为我生命的一部分，无论什么场合，只要听到这3个字就会有一种莫名的亲切感。410本来是3个普普通通的数字，连在一起就成了一个令我无比感动的数字，只是因为这是我高中时的班级，是我为之奋斗了两年的班级，是我真正感受到同学爱、师生情的地方。

410是我深爱的班级，而没有衡中就没有410，因此我同样爱着我的母校。作为一个衡中毕业生，"追求卓越"的校训早已深入我心。大学面对来自五湖四海的同学自我介绍来自河北衡水中学时听到无数人的惊叹，我感到作为一名衡中人的自豪，当然还有一种责任和担当。时间过得飞快，转眼间我已离开母校。经常回忆起那曾经寄托梦想的母校，想起高中时代的点点滴滴，想起恬静的校园，格物楼、揽月楼、图书馆、操场总是在脑海中浮现，一有时间总想回去看看。

3年的高中生活紧张而快乐，高一的迷茫，高二的奋斗，再到高三的拼搏，短短的3年时间，留下了青春最美好的记忆。衡中很苦、很累，但是那种紧张的氛围给我提供了学习的动力，今天想起来也感到无比怀念。衡中的课余活动也很丰富。当时每周的体育活动、团体活动、外教课、阅览课大家都很期待——终于有机会放松一下了。令我难忘的还有每周的量化表、贴在后黑板的“东中下、西北上”的床铺记录表，还有每次做完题后的成绩表。当然，最难忘的还是那些辛勤的老师。信金焕老师是我们高二的班主任也是我们的精神领袖，永远忘不了她那充满期待而又略带锐利的眼神，于宝英老师是我们的奥赛教练员也担任着高考生物的教学任务，她是我们学习、生活中的妈妈，也是对我影响最大的老师之一，还有尹建尊、高三班班主任王文霞老师等，正是他们的付出才有了410班的辉煌、衡中的辉煌。母校在我心中留下深深的烙印，无论何时何地也忘不了，忘不了母校把我们从懵懂少年变成了有志青年，忘不了教育我们奋进、自强不息。祝愿母校桃李芬芳，璀璨辉煌，明天更美好。

母校助我漫步在思源湖畔，驻足在凯旋门前。我的大学虽不及清北之声高，却不逊他们之德才，116年的文化底蕴使这座诞生于民族危亡之际成长于祖国兴盛之时历经3个世纪的上海交通大学在今天仍然熠熠生辉。进入上海交大后，我就被这座学校浓郁的学术气息、优雅的校园环境所吸引，使我懂得了大学的含义：大学是让我们充分认识自己，让自己在舞台上闪闪发光证明自己的地方。在大学，对学习要有自主性，对人际交往要有主动性，对生活要有自理性，对情绪要有自控性。当然，大学也是确立自己人生理想的时候。通过4年的大学学习，我希望能成为一个德才兼备的有志青年，之后，或考研，或出国，或工作，我的人生目标是成为一名优秀的机械工程师，为祖国现代化建设做出贡献。

其实，虽然上了一个学术氛围很浓的大学，但还是想念那段在衡中为了一个目标不顾一切去追求的日子。高中是人生中最单纯最有利于学习的地方，尤其是在衡中，只要努力就能进步，只要进步就会有收获。因此，作为一个毕业生，我有些话想对在校生说一说。

一、不要违规违纪，因小失大

在衡中，不要为了彰显个性、耍酷而违纪，否则个性未必能彰显，后果却会叫你有切肤之痛。再说了，这种酷在衡中是没有市场的，有市场的只是成绩的酷和全方位发展的酷。另外，还要学得聪明一点儿，不要去犯那些低级错误，比如上课喝水、转笔、四处张望、进入状态慢、午休时间看书什么的，这些忍一忍都是可以避免的，千万不要因小失大。这些都是小节，不会有什么严重后果，但有些高压线是万万不可触碰的，比如“非触”（男女生非正常接触）、打架（或试图打架）、围观打架、带手机、作弊，等等。犯这些错误会把前途一同葬送掉。即便不会被开除，回家反省几周也是受不了的。你想想，即便在校刻苦学习都不敢保证能进步，何况再回家待几周呢？

二、不要浑浑噩噩，漫无目标

要明白入读衡中的机会来之不易。全省乃至全国很多省份有很多人想进衡中而无门，因此，要珍惜入读衡中的机会，把握好每一天、每一时、每一课，充分利用好衡中的教学资源、体制资源和氛围资源，并将这些资源效益发挥到极致，为我所用，努力充实自己，化为我的知识、我的财富，不枉三年寒窗苦，对得起在衡中的每一分每一秒。作为学生，我们需要的是独一无二的校园文化，我们需要的是纯净的学习环境，我们需要的是成长磨砺的过程。我们不要挑剔学校的瑕疵，当然指出问题所在，也是对学校负责、对学生负责、对家庭负责。但不要仅仅停留在抱怨的层面上，不要做愤青，一切皆不入我眼，一切皆不顺我心，一切皆不合我意，这样就大错特错了，除了徒增烦忧，别无益处。任何学校都会存在这样那样的问题与不足，但这不能成为我们指责学校的理由。看问题要看主流，看我们最需要什么，最该坚持什么。

三、不要松松垮垮，丧失意志

把优秀当成一种习惯，这是衡中的名言之一。优秀不是绝对的，要针对自身的情况而言。要和对手比，但更要和自己比，要看自己头疼的学科是否进步提高了，书写是否更规范美观了，思维是否更灵活开阔了，解题是否更得心应手了，知识是否融会贯通了，等等。做到了，哪怕一丁点儿的进步，都是迈向优秀的坚实的一步。要克服学习上的困难，克服生活上的困难，克服人际交往上的困难，克服体能上的困难。任何困难都不能逃避，都要去面对、去解决，决不退缩。要咬牙坚持，保持毅力，不要给自己退路，有了退路也就有了懈怠的借口，就会满盘皆输。

辛苦三年，幸福一生。这是我在毕业后对衡中最真切的感受，也是送给所有衡中人的话。让我们所有衡中人秉承“追求卓越”的校训，共同努力，共创衡中新的辉煌。衡中，我爱你。410，I love you.

不要问母校给了我们什么，而要想自己给母校留下了什么

任康，上海交通大学化学生物学专业，保送（奥赛省一等奖）

不止一次地对人说过，写到真正想要表达的东西的时候往往词穷。其实理由很简单，一段深刻的记忆必定包含一个复杂的过程，而这个过程中的所见所闻、所思所感，并不能用意象的罗列或是抒情词句再或是一串问号、感叹号来准确传达。高考那天我用键盘敲下了这样一句话："3 年前报到，今日高考。"

这两天拿出小学毕业、初中毕业、高中毕业照片和现在的证件照片对比着看，好像没什么太大的变化，由此感知，相面这东西是不靠谱的。

奥赛考试结束后，战普老师曾经说我们应该写点东西记录一下，趁着心情还在。但是之后，是拖拖拉拉的成绩以及乱七八糟的换校区，一个字没动。

想要厘清的东西太多，就直接成了词穷。

还是按时间顺序说吧。

第一次到衡水，阴天。在街上转了两圈，看到了一个黑暗破旧的路边小店。倒不是衡水市容不好，实在是这一场景给我印象太深了，因为音响里放着《蓝莲花》："穿过幽暗的岁月，也曾感到彷徨，当你低头的瞬间，才发觉脚下的路……"

衡中"格物楼"。格物致知？或者，格杀勿论？开玩笑而已……

一个从窗外向里望的旁观者，其实并不能看到屋子里发生的一切，因为有很多事情，其实就是一些难以释怀的感觉。

距离我到上海交通大学报到 3 个多星期，那 24 天里，在与新的环境以及生活方式的接触磨合过程中，我开始重新思考这个问题：衡中给了我们什么？

这个问题可以很简单地回答，诸如知识、能力以及一张名牌大学的录取通知书。但我想问有没有什么更特别更值得被提炼被牢记的，比如，是什么让我们这群离开了衡中的人对那段生活念念不忘？

对我个人而言，我必定要在 410 寻找答案。

于 410，“奥赛”绝对是我们不能绕过的话题，我们以此为由走到一起组建了这个班级，也因此体验了更为丰富的高中生活，这种丰富里包括了更多的收获，也同时包括了更多的挫折。我在集训期间熬夜写假期作业时开始知道咖啡、绿茶提神对我无效，在第二天听课昏昏欲睡时发现清凉油在太阳穴上涂多了会很刺眼，远不及凉水洗脸来得有用……由此感受到衡中的作息时间表多么亲切，也在离开母校后分外想念雷打不动的 22 点 10 分晚休铃。

很多人包括我自己常用一个词来形容 410：团结。一个班级要通过怎样的建设才能获得诸如此类看不见摸不着但又时刻氤氲在气氛里的抽象特质呢？我想莫过于共同的奋斗历程。作为生物奥赛生，看到数学奥赛生的努力、信息奥赛生的挣扎，然后回过头在祝福里迈向自己的考场，回校时，拿到分得清清楚楚、摞得整整齐齐的卷子。半年后，面对离开又归来的另一批人，你就会懂得沉默的身影、笑容的背后和不肯停下喘口气的忙碌与执着，一如当年的自己。然后捧给他们昨夜准备好的卷子，分得清清楚楚，摞得整整齐齐。“我做我能，我信我行”，这群人在不同却又相似的道路上向着各自期许的目标狂奔，风雨同舟，一路有你。

经历从 2009 年 9 月到 2012 年 6 月的每一天，我们必然是最有资格回答这个问题的人。

衡中给了学子什么？给了学子对于极限的不屑与挑战，给了学子心无旁骛为一件事奋斗的历程。

以后的日子里，披星戴月也好，日日睡到自然醒也罢，你会清楚记得曾在 5 点 30 分的铃声中毫不犹豫地翻身而起，铺好床铺整好仪容，在 5 点 35 分准时站在操场上拿着课本大声诵读。你会清楚地知道如果未来的某一天，在你的学业、工作乃至你的人民、祖国需要你的时候，你可以以最快的速度翻身上马奔赴疆场，毫不拖沓。是的，你知道你能做到。

以后的日子里，选择成为学霸也好，在社团的花丛里飞舞也罢，你会清楚地记得那些为了一个简单理由奋斗的日子，不犹豫，不后悔，甚至没有时间来感伤，只是拼尽全力，只为唯一。而未来，世界会在我们眼里日渐复杂，在大大小小的复杂之间你会明白，那件你真正想要做成的事，其实你知道怎样可以把它做成。是的，你知道你能做到。

衡中奥赛班手记：
那些花儿

时至今日，我们这群 410 人已经分散在了大江南北的各个学府，去继续各自不同的生活。在大学的校园里，你会发现这些走出了衡中校门的人或多或少变得不同于从前，或者说，是恢复了我们更从前的形貌。但是看到这一篇篇稿件，我想我们还是相互了解的。今天的我们开始为自己装扮上各种漂亮的饰物，而在衡中，我们看到的是彼此卸去嬉闹与玩世不恭的最认真的面庞。

衡中给予其学子的是一种底气。

这种内心的沉淀，必然不会时刻显露在脸上，但却是关键时刻的心灵砥柱，给人力量。

是的，我知道我能做到。

还是前面说过的那句话，“一个从窗外向里望的旁观者，其实并不能看到屋子里发生的一切，因为有很多事情，其实就是一些难以释怀的感觉”。外界对衡中的质疑，起先听到是愤怒，听多了忽然觉得理解又有一丝好笑——不提那些客观事实叙述上的低级错误，单从主观来讲，我们确实选择了一条不同寻常的道路，但是，这种难以复制的生活，你真的不想或不敢来试试吗？

而说到底，其实支持、否定或是讨论更多的是旁观者的态度。作为一个“过来人”，我想劝慰还没有走过来的你们，要认真去感受在衡中度过的每一天，要感受单纯执着的奋斗与友谊。当你们离开衡中时，一定要带点什么出来。当时即使是刚刚走过来没多久的我，也已经明白了我所带出来的东西对我个人而言的巨大价值。

至于奥赛，不可否认在某些地域的某些时间已然变了味儿，但我只是想说，感谢我所经历的奥赛和陪伴我的那些奥赛人。那几年奥赛是我的信仰，今天它变成了一个情结，而情结里的倔强、坚守依然是不变的信仰。

唱《那些花儿》的朴树一直是我最喜欢的歌手，所以我很高兴 410 新的合集叫作《那些花儿》。这首歌出自一部电影，片尾处朴树执拗的声音响起时，我看到了这样两个字：青春。

趁着青春还在，趁着年华正好。

感谢一直以来关注我们的人，借用电影里的一句话作为结尾：“生活是无法被记录的，但可以被歌唱。”我们要歌唱了。请继续看，谢谢。

那些年，那些花儿

袁景昊，上海交通大学医学院临床医学专业，加分（奥赛省一等奖）

有时候，你会突然陷入一场梦，梦中的所在是你最魂牵梦萦的地方，一个美妙的地方，一个花儿处处开放的地方。那确实像一场梦，是那么美妙，然而又是那么真实，那么自然活泼，是你不经意的一动触摸到了它的温暖，这才使你清醒过来，这一切的一切，原来是410，原来是衡中。

从来没有想到，410对我如此重要。

我爱410，可我也明白，总有一天71个人会面对一个现实——分开，71个人从此各奔东西。我总是在害怕这样一个现实，害怕人如浮萍一般——相逢总是偶然，离散总是命运。我总想与我共度青春的兄弟姐妹们在一起，总想在一起奔跑呐喊，在夏天的晨光中，在冬天的寒风里，用或干涩或沙哑的喉咙。在封闭时，有一次放假我没回家，趁中午教学楼没人，我便偷偷去奥赛教室学习。上了四楼，一眼瞥见门上的班牌，我便再也迈不开脚步，贪恋地望着，仿佛是今生的最后一眼。推门进去，贪恋地望着整整齐齐的几十张桌子，生怕漏掉了任何一张。抚摸着讲桌上的那几十个人的座位表，一个挨着一个地细细数着，一个一个好像都在对我微笑，一个一个好像都在对我点头。

现在，我回到家里，总会想到我的410。晚上睡觉时，有时半夜醒来，手会不自觉地往前一伸，伸到一半又突然停下来，默默地想着要是摸到的是明超的头该多好，然后又闭上眼，想着明天早上能见到满满一屋子的人，邻铺便是明超，对面就是轩然和艺超，床下就是光耀和赵进，还有早已穿好衣服的孙巍峰和不脱衣服的范元瑞。想看到蔡占锐笑着跟我说他和范元瑞在中等数学上潇洒的“范蔡”签名，想看到同学们在科代表收作业时纠结的神色，想看到数学老师的清晰、语文老师的利索……从来没想到410对我如此重要，从来没想到我会对410如此日思夜想，如此舍不得。我爱410，害怕失去时那巨大的空虚和寂寞，就像李陵那样“忽忽如狂”，因为无论我说什么，都让我感觉是那样的苍白无力，只有“忽忽如狂”了。

我不会像古人那样说一句“于是余有叹焉”便大发议论，但古人的心意和今人的思虑又有什么不同呢？总是又回到那时，又忽然回过神来，明白已到了一个陌生的地方，这个地方叫作大学。曾读过一位德国思想家的文章，至今仍有无尽崇敬之情。他的文章大概是讲大学的生活和意义的，说一个完整的大学会让任何一个学生任何一个教师满意，为自己的每一点每一滴的力量——改变世界的力量汇集，也为自己为改变这个学校使之向更加美妙的称得起一个一流的大学这一光荣高贵的荣誉一步步迈去。古时廉颇知耻而负荆请罪，李逵知过而俯首以请大辟，这些都是明荣耻而弃生死之人，他们为什么能做到呢？因为他们明白人生的价值在于堂堂正正地挺立于世而非挥霍岁月苟且偷生，然而他们最终并没有死，而是重拾了一次机会。我突然想，一流的大学大概就是恒久地自省和反复地重生吧。到大学报道那天，我问自己，可以挥霍这一天天的岁月吗？我想说“是”，可是心里却有一个小小却坚定的声音说“不”。我再问自己，我以为这次会有一个声音说“是”，可是仔仔细细地倾听，我心里的声音却又一次说“不”。我问自己究竟是为什么，为什么自己会遭到内心的否定呢？就像苹果公司的创始人被自己的董事会扫地出门那样，我问自己，我怎么会被自己否定了呢？不得不说，我输给了自己。我输给了自己的固执，从固执于自己的见解到固执于自己的一切。我就像胖胖和瘦瘦的鱼儿，总是挣不脱自己的网。于是在心中的“匈奴”来时，我伏下身子，降了过去。这应当像鲁迅先生说的那样，这是怎样的幸福者啊——却没有哀痛者了。或许，网是总有办法挣脱的，可是人也是总能想出办法来的。没有不可以改变的，只是尚未想到罢了。

不过，无论什么样的网都网不住时，明天又是新的一天了，看着太阳又一次升起，那是何其美妙的场景啊。新的生命——你们，又在这一条路上前行了。这条路是崎岖的吗？这条路是平坦的吗？抬头看去，也许就像蒲宁的小说《山口》中说的：“夜幕已垂下很久，可我仍举步维艰地在崇岭中朝山口走去，朔风扑面而来，四周寒雾弥漫，我对于能否走至山口已失却信心，可我牵在身后的那匹浑身湿淋淋的、疲惫的马，却驯顺地跟随着我亦步亦趋，空荡荡的马镫叮叮当当地碰响着。”也许前路是那样的崎岖，前路是那样的未知，仿佛一切都在阻拦你，可是当你迈开了步子，你就会发现，“然而奇怪的是我的绝望的心情反使我坚强起来。我的步子迈得比以前勇敢了，我怨恨地谴责着某个人逼得我不得不忍受一切，对那人的谴责使我的心情快活起来。满腔的怨恨化作一种郁悒而坚毅的顺从，甘愿对于凡是我必须忍受的事物都逆来顺受，哪怕永无出路我也感到甜蜜”……那是一种玄妙的状态，也许痛苦的、寒冷的、未知的前路是那么让人绝望，可是，心中的一切，或许在某个临界点——只要你不放弃——就会化作一种无可匹敌的坚毅与倔强，你会告诉自己：“走，走。只要咱俩不倒下，就豁出命来走。在我的一生中，像这样崎岖荒凉的山口已不知走过多少！灾难、痛苦、疾病、恋人的变心和被痛苦地凌辱的友谊，就像黑夜一样，铺天盖地压到我身上——于是我不得不同我所亲近的一切分手，无可奈何地重又拄起云游四方的香客的拐杖。可是通向新的幸福的坡道是险巇的，高得如登天梯，而且在山巅迎接我的将是夜、雾和风雪。在山口等待着我的将是可怕的孤独……但是咱俩还是走吧，走吧！”一切的一切都被超脱了，毫无杂念，就像是释迦牟尼看到的那一棵菩提树，就像是肉体已经不再存在，就像是整个灵魂朝着一个梦幻般的九重天奔去，那时，一切都拦不住你。你，就是自己的信仰。

忆往昔，当真是如那滔滔江水，你看着它渐渐远了，追啊追，跑啊跑，却只能看到那远处的点点帆影了，就像是杰克和露丝无力地放手，大概，历史是除了爱情以外唯一使人无力的东西吧，而人所能决定的也只有现在了。前边的帆手远去了，后面的帆手又划着他的小船走到了这里，一条又一条，在这生命的轮回里，在这滚滚红尘中，我们能做的也只有珍惜在一起的日子，珍惜每一分每一秒，让每一分每一秒都有每一分每一秒的价值，让生命的花儿在衡中——一个让我成长的地方绽放。

最强大的力量，不是电闪雷鸣而是水滴石穿

冀浩，上海交通大学生物医学工程专业，自主招生

光阴似箭，在衡中学习的3年时光匆匆而过，个中酸甜苦辣依旧铭刻于心间。而今写下这篇文章，既是对高中生活的总结，又是为开启一扇新的大门做下铺垫。

正如一位同学在QQ空间里写的，“母校是什么，你刚来的时候巴不得早点走，可当你真要走的时候，你又急切地希望能多留一两天”。是啊，离开衡中之后，愈加想念曾经在衡中的时光，我明白这一段高中的经历所带给我的财富将终身受益。那么，在过往的3年里，衡中带给了我什么，410又带给了我什么？

忘不了早上5点40分准时的整齐划一的早操，忘不了军训时打靶的经历，忘不了累得双腿走不了路的80华里远足，更忘不了自习课上的奋笔疾书、每周一次信妈妈的精彩班会、异彩纷呈的各种讲座……就在这种重复又不时产生闪光点的一天天光阴流转之中，我不断地成长着，将410精神注入我的血脉之中，尽力将自己打造成一位合格的一零人。

高中的学习经历终生难忘。当文理分班后，我作为一名生物奥赛生第一次步入410的教室时便感受到了一种精神、一种凝聚力，而它们最终汇聚于我们的精神领袖信妈妈的身上，我从那一刻就知道我的梦将会在这个班级里起航。老师们不时地叮嘱我们要两条腿走路，奥赛与高考一个也不能丢下。我们也在紧张地忙碌中体会着充实。

在这个过程中，老师们给了我莫大的帮助：状态不好，是信妈妈指点迷津让我有条理地生活；数学学习没感觉，是战普老师用高妙的精神让我重新领略数学的美；家里条件不好，是于老师帮助我向学校申请减免部分竞赛培训费用……在衡中的410大家庭之中，我体会到的是老师们像父母一样的关爱和体贴。

难忘410，那个夺过N次双优班级的集体，那个全衡中最团结的班级。在410，和战友们一起在高考和奥赛两个战场上摸爬滚打的日子历历在目：中午12

点 30 分去吃饭，下午 1 点 48 分到教室，晚上 10 点 5 分回宿舍，那种激情的学习状态真令人回味。在 410，我不仅学到了知识，更学到了奋斗的精神，收获了沉甸甸的师生情。而信妈妈在中秋节和元宵节组织的活动，也永远成为我美好的回忆。

在 410 成立一周年的班会上，我说过一句话，至今仍记忆犹新："四一零班，王者归来。"那是在我们班暂时失利的情况下说的，在我心中，410 是永远的王者。在 410 这个家庭中，我充实快乐，当然也有过失意与困顿，然而不变的是内心的坚强与执着。

再来说说奥赛和高考吧。经过两年多的准备，我如期踏入生物奥赛的考场初试锋芒，然而考试的结果却让我锐气顿失：没拿省一，与加分保送无缘。悲伤过后，我尽力改变自己的心态，410 人不会轻易被打倒。振奋精神，我继续努力着，和 70 位为梦而狂的战士为尊严而战。距高考 300 天、200 天、100 天……我真真切切地度过每一天，直至走出高考的考场。高考过后，成绩出来，并没有想象中的大喜大悲，而是平静地面对结果。毕竟，付出过，已无悔。一步一步，都是自己脚踏实地走过来的。

人生难得是奋斗，我们的高中或许没有过多的娱乐活动，但从充实的学习生活中我们收获了一生受益的精神和习惯。正像班歌《倔强》中唱的那样"我不怕千万人阻挡只怕自己投降"，我就这样无所畏惧地奋勇向前。在衡中的 410，我就这样成长着。我知道了要随时保持一种淡定的宠辱不惊的心态、一种永争第一的精神。说实话，我不喜欢太喧嚣，而 410 就具备这种特质，静水流深。最强大的力量，不是电闪雷鸣而是水滴石穿，这种品质是做好任何事都需要的。

进入上海交通大学的校门后，心中却抹不去对 410 的牵挂。在上交，谈起衡中，谈起 410，心中依旧存着一份自豪感。410 让我们自豪的，不只是董傲的生物奥赛国际金牌以及 13 人考入清华北大的成绩，还有"我做我能，我信我行"的精神。成绩或许会淡去，但精神永存，一零人会把它播撒到世界各地。自认为我在 410 算一个悲剧的但很努力的人，悲剧的是奥赛，高考结果也很惨，但我在这过程中持续地努力着，从不放弃，即使失败，也因为曾经追求过无悔。人生自古多磨难，我想这些挫折会让我以后变得更加强大。这就是我，一个普通的 410 人对 410 的情愫。毕业后，看到同学们转发和衡中、410有关的文章图片，才真正地领悟到那句“离开了衡中，才知道衡中有多么好”的内涵。走到哪里，我都可以说我是衡中人、410人。

再谈谈大学吧。在大学里，我认为应该全方面发展，提高综合素质，把握住每次锻炼自己的机会，提升能力。我们这个专业的学生还应尽可能早些进入实验室，在生物医学领域有所突破，实现梦想，在科学领域追赶乃至超越，早些站在世界前沿。梦并没有终结，梦才刚刚开始，大学生活更加自主，选择更加自由，在多元化的选择之中，“做自己应该做的事，成为自己想要成为的人”太重要了。做自己最感兴趣的事，不要让无聊的琐事过多地侵占时间，时间应留给最壮美的科学。充实地度过每一天，尽可能多学一些知识和技能，不断完善自己。此为我大学之所愿，亦为我对同学之所祝愿。

对正在备战高考的学弟学妹们，我想告诉你们的是一定要坚定自己的信念，努力终会有回报，如果现在还没有得到回报只能说明努力还不够。我坚信天道酬勤。另外要多总结成功的经验与失败的教训，自己总结出来的对自己最有用。做一个学习、生活上的有心人，去发现学习、生活之美，那么每一天都会充实与愉快。有志者，事竟成，破釜沉舟，百二秦关终属楚；苦心人，天不负，卧薪尝胆，三千越甲可吞吴。请珍惜这段清纯的高中生活吧。

好久没写东西了，就以这篇文章寄托我对410、衡中的情思吧。最后以我们410班的誓词来结束这篇文章，祝所有在高考路上的追梦人在6月圆梦，祝在大学里的同窗们激荡人生。

我为成功而生，不为失败而活；
我为胜利而来，不向失败低头。
珍惜分分秒秒，摒除一切杂想；
我将全力以赴，共筑一零辉煌！

衡中所得悟终生

王卓，浙江大学求是科学班（生物医学）专业，保送（奥赛省一等奖）

第一幕

时间：10 月 2 日深夜 10 点 34 分

地点：浙江大学蓝田二舍 ×× 室

人物：WZ

事件：码字

大家好，WZ 就是我，我就是 WZ。同理，10 月 2 日 22 点 34 分，在浙江大学蓝田二舍 ×× 室 3 床下面的桌子上码字的就是我。现在，我面对电脑，看着 QQ 和人人网不停地闪动，听着耳机里播放的循环到没感觉的歌，写属于 WZ 的那些花儿。

《那些花儿》这个题目，让我想起来信妈妈不惜血本印在语文自助餐上的文章。那些花儿，于那些女孩是毫不动摇的梦与追求；于我，却好像一场梦。正是如此，这个命题对我而言未免过于宏大，不由翻起了空间，看了小雷同学的青春似火以及 XMK 的"就是不让你看懂"、龙龙不变的不羁与戾气、群"姐"的深沉与尖锐、晓鹤的柔婉、"老猥琐"不变的"高端大气"……看过了一篇一篇的文章，回忆忽然鲜活了起来，就像衡中的早晨，清冽的空气，饱满的阳光。

"几年前，我就坐在下面，听我的学长介绍经验，现在，我站在这里，给你们介绍我的经验"——这样的句型大家应该都不陌生，彼时彼地，有没有人会想"我总有一天也会站在这里介绍经验"？有没有人会想"我肯定是不会有这么一天了"？过于强烈的上进心容易演变成"被掌握"的姿态——一直努力，达到标准，得到任命，执行任务。而没有天分又没有方向，只能陷入自卑。我想说的是，不要这么糟蹋自己。记得我写给 410 的话是："这是一个每个人的价值都得到真正尊重的地方。"看 410 的回忆，一页页地翻下去，从一个人的世界出来，进入下一个人的世界，每一个人的世界都是那么的不同，也可能有可指摘之处，也可能没有如此如彼的成就斐然，但，你能说那不精彩？生活方式有很多种，为人首先要悦纳自己，另外要接纳别人的生活，这是我在衡中学到的最宝贵的一课。

斯人斯时斯事，鲜活的回忆像空气充斥在寂静的午夜，有关你们的一幕一幕在这迷蒙的夜里清晰了：宿管阿姨帮我钉的扣子还在我的衣服上坚守，大爷帮我送到教室的我在明志楼女厕所弄丢的眼镜正在柜子的角落安睡，联赛那天于老师发的风油精被珍藏在箱子里，园丁哥哥慷慨送的各式叶子却惨遭毒手，被一群怪叔叔、怪阿姨放在显微镜下评头论足……去超市丢落的手套，提醒我捡起你的是谁；被风儿带走的卷子，把你们送回我手里的又是谁……记录不完一句句问候，一个个笑容，一分一秒的等待，一句句玩笑……更加难以忘记的，亲爱的你们，是你的肩膀，那上面滴落过我无助时的眼泪；是你送来的感冒冲剂，冲着冲着就冲走了鼻塞和咳嗽；是操场上走不完的一圈又一圈路，我们不停说着心里话；是那双手臂，搀扶着我走过难熬的通往医务室的路；是你把肥肉夹给我时调皮的表情，是满月下的欢笑，是……亲爱的你们，是那一首《倔强》。

是你们教给我爱之重要，甚于 ATP 之于细胞。

我终于明白，那不是冲动，也不是义气，不是碍于面子，更不是权衡利弊，而是一种简简单单的但又暖暖和和的相互温暖。那是爱，或者说，那才是爱。

我是衡中人，我知道它的不好。同理，我知道它有多么好，好到要用一辈子领悟。

休息、锻炼、学习、活动、班级、社团，我们在适合的时间做着适合的事，而且，我们干什么像什么——这是我们的时间安排和办事方式。

竞争、互助、奖励、鼓励，处于各个岗位的人都发挥着自己无可替代的积极性——这是我们的管理。

起早、贪黑、授知、传德，数不尽的逸事与笑料，说不完的感动瞬间，挖掘不完的富矿——这是我们的老师。

一起欢笑，一起落泪，一起唱一首歌，一起周而复始地努力奋斗，一起挨批，一起过生日，一起着急，一起迈出整齐的步伐，一起为了班级的奖项疯狂呐喊——这是我们的班级。

即使身处年级后列也敢做最顶尖的梦，即使被一次次地打倒也从不说一句放弃。

——这是我们的学生。

——这是我们的 410。

——这是我们爱着的衡中。

第二幕

时间：10 月 3 日凌晨 4 点 6 分

地点：浙江大学蓝田二舍 ×× 室

人物：W.Z

事件：码字

还是 WZ，现在是个 ZJUer。ZJU 乃浙江大学也。

大学是一个人的大学，这话听起来好像很悲凉，不要误会，这里的一个人不是形单影只没有朋友，而是一个人可以独力处理自己的生活，收拾好自己的每一个小物件，选好课然后上好课，把乱七八糟的一大堆事安排好，在一大堆各式各样的传单中挑出想要的那张。这种成长迅速又直接，这种成长可怕而珍贵。我厌恶过这种成长，但现在，我钟爱这种成长。

想起白岩松说的没有一代人的青春是容易的。大学累了的时候，在杭州美不胜收的景色中走走，想想过往，钻进图书馆看几本精彩的书，或者跟好朋友通几十分钟的电话。我知道，长大的时候到来了。学着不哭，学着微笑，向着前进的方向，选择接受挑战。

花儿绽放季，再听花开声

刘子悦，中南大学临床医学与医学技术类（五年制）专业

那些青春的花儿，绽放在最美的季节；花开的声音，在你耳边诉说个性与活力。高考不是结束，毕业不是终点。绽放的花儿，飘飞到祖国的大江南北，让花香、花语在更广阔的土地飘散！那些花儿，那些410的花儿，在遥远的土地上生长，我们的根却相连、心却相连！

衡中这片故土，承载了多少花儿青春的梦想，记载了多少为梦而战的孩子流下汗和泪的日子。那份深沉的记忆已经深深地根植在了我脑中最美好的那片青色的田野。多少次，在毕业之后的闲暇，一上网就不由自主地关注衡水中学的主页；一个人独处时，一遍又一遍看衡中跑操的视频，直到泪流满面。只想再回到那段日子，同一个步伐，同一步心跳，跑下去，跑下去，永远不要停。翻衣橱的时候，看到军训服，沉默地追念那段烈日下的坚持；看到成人帽，静静地回想衡中伴我走过成长的路。太多关于衡中的谎言，太多批驳与非议，都无法动摇一个衡中人对母校最真最诚的爱。因为，只有身在衡中的人懂得母校为我们付出了太多，既有严格的大爱，又有理性的深情！正如高国华主任所说，无论衡中有多么良好的条件设施，有多么美丽的校园，当衡中学子离开母校之时，却带不走一桌一椅、一草一木，能带走的只是我们高校的一纸通知、学得的一身本领、培养的一种精神。是的！我们踏出校门的脚步，携着永不磨灭的衡中精神，在今后的路上洒满光辉，激励每个人走向更高的峰顶——追求卓越！我行，我能行，我一定行！

在衡中这片美丽的土地上，那些410的花儿倾吐着别样的芬芳。410是我，我是410！“狼鹰家族”，尖刀出鞘，横扫千军！我在410这个拥有强大实力的优秀集体中，每日和杰出的同学们坐在同一间教室下学习与讨论，真的让我长了许多见识。我没有傲人的成绩，没有登上领奖台的光荣，甚至有时候因为成绩不理想给心爱的班级拖了后腿，我真的会很难过很难过。我爱我的410班，我一天

也没有停止过努力，即使今天做得不够好，但我会好好把握下一次机会。那段在同一个屋檐下、为了同一个目标一同奋进的日子，为了同一个410拼搏的日子，在我的记忆深处永不褪色、永远保鲜！信妈妈和71个孩子，共同缔造了这个温暖的大家庭。无与伦比的团结与凝聚力是410永恒的名片，温馨与关爱是410最美的旋律。忘不了，生日那天彩虹一样缤纷的祝福与鼓励的卡片，汩汩暖流涌入心间；忘不了，校运动会的赛场上波涛一般有力的阵阵呐喊，一回到看台时一股脑塞到我手中的零食和水果；忘不了，调研考试失利时信妈妈关切的微笑和细心的分析，让我重拾信心。身在410这个温暖的集体中，我们每个人付出着爱、感受着爱。感谢410给我的温暖，感激每个人为410的真诚付出。

410独特的光彩就在于我们是奥赛班，我们是挑战奥赛与高考双重战斗的勇士。作为一名生奥生，通过一年半的奥赛学习，我深深爱上了这门美丽而神奇的学科。可爱的于老师带我们走进生物奥赛这片崭新的天地。奥赛这条路，有太多的险阻与挫折，我和生奥组的兄弟姐妹们在一起，再难再险，都坚持走到了终点。奥赛路上的笑与泪，早已融进了我们心头那片花开的田地。在以自主学习和相互讨论为主旋律的学习过程中，交流与互助使我时时感受到集体的力量。奥赛联赛的成绩并不理想，但是我无悔这么多的付出，因为暂时的失败可以用日后的努力来弥补，坎坷的历程、能力的培养、品质的磨砺和珍贵的友谊却是一生受用的财富，是我最珍爱的财富。另外，令我印象深刻的是不同学科同学之间的互补与互助：数奥同桌帮我解答数学疑难，我为数奥同伴讲述生物习题，信奥同学每次都在班级活动中提供强有力的技术支持……不同奥赛学科同学的互助使我们拓宽了视野、锻炼了思维，使我们的410成长得更加卓越。

继奥赛失败之后，我高考又一次失利，把高三以来最糟糕的一次成绩给了高考。我因此到了中南大学，一个在北方名气不是很大的大学，而且没有410的兄弟姐妹随行。不过我学习的专业是临床医学，也算找准了爱好的方向，高中生奥也派上了用场，中南大学的湘雅医学院在业内也算有名，享有“北协和，南湘雅”的美誉。这是我的机遇，这是我的起点，这是我雪耻翻身的战场。大学和高中相比，自由自主是主调，学习已不再是唯一目标，各种能力的锻炼已提上了议事日程，各个社团、俱乐部、学生会也忙了起来。但是我没有忘记，在大学，学业仍然是生命线，尤其是对于我——一位临床医学的学生来说，课程比其他专业的同学要多一些、学习稍紧张一些。今后考研、读硕博是成才的必经之路，绝对不能放松。我谨记“公勇勤慎、诚爱谦廉、求真求确、必邃必专”的院训，在湘雅医学院倾力打造自己起飞的双翅。

进入崭新的大学生活，我适应了长沙的气候、饮食习惯、学校周边环境等条件。国庆假期过后，正式的课程开始。在大学我做到了不忘激情、充实多彩。做不成考神，也要当学霸，该学习的时候就专注专注再专注，一切杂念都抛掉。有活动的时候我不怕费事，全力以赴，担下的事尽全力做好。另外，继续发展已经荒废多年的爱好和特长，大学是绝好的时机。端起长笛，我的寝室环绕着音乐的芬芳；拿起画笔，自己的世界在纸页上更生动。少几分偷睡，少一会儿发呆，少几句闲聊，让艺术的甘泉浸润青春的花儿，我的大学生活美好动人。

大学是什么？大学生是什么？我不管人们怎样评价中国现在的大学和大学生，我的大学生活有且只有一次，我是我大学生涯的主宰。我认为，大学首先是丰富和锤炼专业知识和技能的最主要的地方，是学习和切磋本领的战场，我珍惜在大学遇到的每一位教授和他们传授的知识，绝不失掉大学这一本真的意义。大学，还是我们从中学的相对封闭走向开放、走向成熟、走向社会的跳板，在开放式的学习和生活中，锻炼独立解决各种问题的能力。面对从前可能从未遇到过的坎坷，磕磕绊绊是难免的。但正是这些坎坷让我在拥有良好的专业能力之外还拥有了较好的生活能力。大学，还是积累、发展友谊的天堂。大家来自全国各地，背景不同，口音不同，习惯不同，思维方式不同，但是真诚与包容可以化解一切隔阂。大学的同学到了中年时、我们的儿女长大后还都会是好兄弟好姐妹，大学的同学是一辈子的朋友，大学的朋友是一辈子的财富。这就是我理解中的大学——学习的战场，成长的跳板，友谊的天堂。

正奋斗在高考战场上的学弟学妹们，珍惜这段拥有纯粹的激情不知疲惫地为梦奔跑的日子吧！也许，你在眺望着高考后的轻松闲暇；也许，你还欣羡着大学生活的自由无拘。但是，只有当你认认真真走好眼前的每一步，水到渠成地登上理想的平台的时候，才能舒心地尽享奋斗之后的甜蜜果实！暂时放下短暂的欢愉，为了日后长久的快乐！410 班晨起勉文曾深深地激励着我前进，现在我把这篇勉文送给在高考战场上奋斗着的学弟学妹们，每天清晨，这样告诉自己，让自己的每一天都无悔地度过。

旭日东升，霞光盈空，又是美丽的一天。祈愿崭新的开始，我有新的体悟收获。愿我能充满信心，快乐地学习。无论顺逆，我都要好好珍惜这一天。

虽然，我没有聪颖的智慧，愿我能坚定信心，不怕困难，用奋斗不懈的精神来突破我的拙劣；虽然，我没有好的能力，愿我能锲而不舍，不畏艰辛，自我勉励，深信一定可以迎来进步的喜悦；虽然，我反应不敏，愿我能专注地学习，不着急，不攀比，不气馁，勤能补拙，一定可以超越自己；虽然，我有满身的缺点，愿我有一颗好学、向善的心，让我成为一个合格的好人；虽然，我非常平庸，愿我能绽放亲切的笑容，少言，多做，多看，多行好事，不见人过，让我的人生越走越丰盈。

如果，今天遇到了挫折，愿我能做一位坚强的勇士，挥别一切懦弱，坚定生命的力量，开阔胸怀，越挫越勇；如果，我今天不如意，愿我能燃起生命的坚强，感受人生有风雨的洗礼，才能带给我成长、茁壮。人生的每一天都充满了无比的喜乐与希望，日日都是好日，愿我能掌握人生的方向，不空过时日，让今天成为遗憾。

我是一个喜悦、幸福的人，因为我深知有那么多人默默关怀我，流着血汗，不计辛劳，我才拥有今天的福分；因为，有那么多人对我的期待与帮助，我才能成长到今日。感恩一切为我无私奉献的人，感恩天地万物为我们创造美丽的家园，愿我能珍惜美好的今天，永不辜负我那最珍贵的生命。

真心祝愿学弟学妹走出丰盈的每一天，书写无悔的青春！

那些青春的花儿，绽放在最美的季节；花开的声音，在耳边诉说个性与活力。在祖国各地，410的花儿根脉相连，“狼鹰家族”的勇士心心相通。在寂静的深夜，我写下这些文字，不求有最精彩的文笔，却真心希望能道出我最真的情结。寂静，寂静，我双手合十，为410的花儿祈祷：在青春的季节，绽放最美最美的精彩！

只要花开，就会不败

赵一苇，香港城市大学科学及工程学院（工程类）专业，提前录取

当生命中最重要的夏天已然过去，当我这个北方女孩开始渐渐适应香港的点点滴滴，我终于可以静下来好好想想，想想在这个夏天里我生命中盛开的那些花儿。其实，我不知道应该如何去写，不知道应该怎样记下这段风景的绮丽，那就请允许我用毫无头绪的语言去写，去记叙这段成长历程，去表达我对这段时光的感激。

离开衡中，才知道对衡中的感情有多深。每次看到别人在我说出自己是衡中学生时崇拜的表情，每次听到别人发出“我们校长去你们那里参观过”的惊呼，就会油然生出一种自豪。我常常会看衡中的视频，看那震撼人心的跑操，看那一丝不苟的内务，看那师生同心的温馨……常常看着看着，泪水就如小蟹般不知不觉爬上脸颊。我不止一次地梦到熟悉的揽月楼，梦到410走廊尽头的教室，梦到小路两旁的蜀锦花又开了……在衡中我学会了很多，经历了很多，也成长了很多，我收获的不仅仅是高考成绩的喜悦，还有坚持追求卓越的信念，为了梦想不断奔跑的充实与快乐，更重要的是一辈子都不会忘记朋友和老师的亲情。记得那个充满硝烟的5月，记得嘹亮的宣誓声在教室回响，记得课桌上贴满写着任务的便利贴，记得墙上那张巨大的理想大学统计表，记得教室后面颜色艳丽如火的条幅……一切的一切都在提醒我，我是一个即将走进高考考场的战士。面对在五六百名徘徊的名次，面对一天天减少的倒计时，我感到一种深深的恐惧。当三模年级1400名的成绩单无情地躺在我面前时，突然听到有一种什么东西碎掉的声音，我感到一种绝望，一种想要逃避的绝望。也许，这就是一场注定失败的战斗吧，注定一败涂地。整整一天，我什么也没说，就那样木然地坐着，不知道自己要干什么。同桌悄悄告诉我：“一苇你知道吗，我们有很多共同点，第一都会为梦想而奋斗……”朋友也在小字条上写下：“记住，奋斗的路上你并不孤单。”

老班微笑着拍着我的肩膀说："这次失败只是为了让你成为高考最黑的黑马，你应该感谢它。记得你的梦想，加油，一苇……"我的泪再也止不住地落了下来，一滴一滴，任凭老班怎么擦也擦不干。是啊，我的梦想，我为之奋斗了10年的梦想，怎么能在半路就放弃？有些东西是可以放弃的，比如舒适；有些东西是不可以放弃的，比如梦想。我不忍也不能让梦想变成幻想，这样的结局让人如何面对？

于是努力，于是在最后的日子里坚持，于是在高考那两天里保持微笑。记得香甜的贴着"高考必胜"字样的蛋糕和热乎乎的鸡蛋，记得每场考试前和老班的拥抱，记得上车前和亲爱的同桌的相互祝福，记得在考场门口对监考老师的微笑，记得坐在考场里的深呼吸，记得在数学考完后在桌上贴上激励自己的"香港大学"的小卡片，记得等待成绩时的忐忑，记得输入信息点击查询时颤抖的手，记得看到全省334名结果时的激动与释然，记得……这些我都记得，历历在目，不曾忘记。

经历过高考，仿佛一下子成长了很多、成熟了很多，对衡中也突然有了更深的理解。作为一个过来人，我想告诉你们，我亲爱的学弟学妹们，不管你现在是否达到理想的高度，不管你是否经常拿到自己想要的名次，请一如既往地相信自己，相信自己很优秀；相信奇迹，相信青春不缺奇迹。请相信相信的力量。不管卷子有多少，不管考得有多惨，都要冷静地去面对，都要学会微笑，学会每天对自己微笑。你可以哭，但只能给自己5分钟的时间悲伤，5分钟以后一定要擦干泪水，重新开始，因为作为一名衡中人，你浪费不起更多的时间；因为不到高考成绩揭晓的那一刻，就不存在成与败。我一直特别喜欢我们410的班号："我为成功而生，不为失败而活；我为胜利而来，不向失败低头！"这充满霸气与自信的口号，让我觉得前方始终是晴朗的天，始终有彩虹与阳光相伴。

如今，行走在南国温暖的阳光里，坐在香港城市大学明净的教学楼里，我忽然想起《轮椅上的梦》里的一段话："一切结束了，又重新开始了，结束也许就是另一次开始。她曾期待结束这一切，开始另一切，让所有的一切重新开始，就像蛹变成美丽的蝴蝶……"

是啊，对于我来说，生命中新的一页已经掀开，一切又重新开始了，前方等待我的是一方更为广阔的天地，一个更为热烈的夏天。追求卓越，我不断这样提醒自己，终有一天，一苇定会渡过大江……

那片笑声让我想起我的那些花儿
在我生命每个角落静静为我开着
我曾以为我会永远守在它身旁
今天我们已经离去在人海茫茫
他们都老了吧他们在哪里呀
我们就这样各奔天涯

我曾追求过那么一个看起来不可能的目标，曾在青春里那样执着地奋斗过，想过放弃，受过伤痛，也有遗憾，但是，在那个夏天，我们这些花还是如愿以偿地开了，开得那么美，那么美。

就像《花开不败》中写的那样："花儿开过了。我们承认也好，忽略也好，只要花开，就会不败。"

花开不败，花开不败啊！

遐想与反思很有必要，但应适度

孙巍峰，清华大学数学与应用数学专业，保送（奥赛省一等奖）

刚刚进入大学时，回想起高中的班级，有许多感慨。从班级的角度看，410似乎是完美无缺的，而且我们也以此为傲。

我觉得我是个好奇心很重的人。小学时，我看到霍金的《果壳中的宇宙》，忽然感到我们周围的一切都十分可怕，因未知而可怕。有些问题追得越深就越令人感到恐惧，比如时间和空间。书中提到所谓解释一切的“终极理论”，而了解这些理论的前提便是了解相对论。我看了狭义相对论，又去看广义相对论，后者对我如同天书。我了解到这是由于我缺乏数学知识造成的，而这之中最基础的便是微分几何。

数学的领域又是一番世界。数学对世界的解释似乎比物理更抽象、更深刻、更美妙。我看完了微分几何的内容，整体性对我来说太艰难了——我没有分析学的基础，甚至当时只有小学数学的基础，只是凭着一时冲动硬着头皮看。很快，我从好奇心的虚幻中清醒了一些。这座高山不是当时的我所能攀登的。我看得懂微分几何，却看不懂后面的黎曼几何，还有更高深的内容。

我忽然觉得数学太抽象了，更像是世外桃源。我迷恋数学和有的人迷恋电脑游戏有很多相似之处，都是追求某种虚幻的东西。数学描绘的世界太美好了，但许多解释让人难以满意。数学与游戏的区别在于若将前者比喻成酒，后者便是毒品；前者真的有用，后者多半是浪费时间。我忽然觉得一切的根源不在为学而在为人，想要了解更多，只靠定理、定律是办不到的，需要慢慢体会，需要去悟，需要高尚的品德。我那时总是希望每个人都无私一些、高尚一些，但这太难。你劝别人，别人不听，我又发现原来自己也办不到。这个时候语文课文中的“予独爱莲之出淤泥而不染，濯清涟而不妖……”对我触动很大，于是我便想，我应先修正自己的行为，包括对待别人，包括心态和思想，包括反省与总结。

这就是为何我高中总是唯恐犯错，小心谨慎，对自己期望颇高而又总是失望。我有很多毛病，很多不好的行为或习惯，我总是反省，计划去改，失败，然后又反省。如果说之前我发现了“渡人难”，那么现在才知道渡己更难。但这是我的目标，也许可以概括为孔子所说的“随心所欲不逾矩”，下决心从内心、从习惯上做到最好。

顺便提一下，我高中还有些额外的收获，大概是源于我上的是衡水中学。在衡中，我们用了极大的精力去学高中知识、考试技巧以及遵守纪律，我们比那些轻轻松松甚至浑浑噩噩地度过高中生活的人收获了许多额外的东西，其一便是效率。若把衡中的效率完全用到学习专业知识上，很快便能掌握大量知识，甚至成为专家。当然，离开衡中后很难保持这种效率，但至少我体验过它，常常能更高效地做事，而且拥有了这一撒手锏。其二便是积极的心态。衡中学生实在地讲并不像有些人想象的那样整天抱怨，他们只看到了衡中的训练强度，而忽视了衡中积极向上的学习氛围和老师无私的奉献。我体验过从出教室到入教室只有 12 分钟的吃饭时间的紧张，体验过短短一天完成海量的试题。但在衡中这些真的很平常，甚至很轻松就可以完成，这源于一种氛围，更源于对和我们一样辛苦的、无比敬业的老师的感激。经历过这些，以后遇到看起来难以完成的任务时便会从容应对，面对挫折也常怀感恩之心不去抱怨，这才是最大的收获。

进入大学后，我觉得我有很多东西需要去学、去悟。时光不等人，而大学的纪律又是脆弱的，计划也靠不住——你不知道何时会有人打断你静静地思考，也不知道会有什么意想不到的事使你不得不放弃自习，甚至逃课。我希望我能找到好的办法，改掉一些坏习惯；我希望能不被打扰，静静地做些数学研究；我希望常常反省得与失，感悟为人更高的境界，当然以改掉那些坏习惯为前提，尽管单此一条就很难。

有很多人把清华当成神话，有妈妈带着孩子，在夏天人很拥挤的时候来参观。但清华不是神话，用老师的话讲，北洋水师是神话，但它覆灭了。考入清华的学生要想真的有所收获还要靠自己，而作为衡中人，我希望我能保持一种高效的节奏，也希望母校的学弟学妹们能珍惜在校的时光，用心体会衡中精神，这将是人生中的一笔财富。

奋斗如火，往事如歌

李艺超，清华大学数学与应用数学专业，保送（奥赛全国二等奖、省一等奖）

过了从衡中毕业后的第N个中秋节，天空就如数年前那个中秋一样清澈的蓝，月亮也像数年前揽月楼下我们一起仰望的月一样纯净的美丽。

就像昨天发生的一样，那些故事自然地自我脑海浮现出来。

（一）

那些还未褪色的故事，第一件事是关于家的。

回家对我来说，总是一个充满期待而又有些痛苦的过程。2009 年 8 月 18 日，经过 8 个小时的车程，我从太行山的深处走出，来到了衡水。那是我第一次坐这么长时间的车，那时我就知道，未来的 3 年我总要经过这样痛苦的过程。

因为家远，我几乎半年回一次家。410 的很多同学也是如此。平常放假，总会有一批同学和我一样留下来，我们会一起去京大路上的吉美超市里买一些乱七八糟的零食，兴高采烈时一起去撮一顿（还记得如意餐馆什么的），一起在周日上午去图书馆看书，一起各种 high……没有在家中一样的多样美食，没有各式各样的玩物，只是简简单单，一起在周六的晚上聊聊天，一起去食堂吃个饭，一起享受在 21 点 50 分从教室慢慢走回宿舍的那种窃喜。对我来说，这就是放假的快乐时光。没什么特别的，就是这样而已，就像当年与小雷和兆哥彻夜长谈，就像与董傲和世磊乱扯的理想，就像拿着手电去其他宿舍吓唬人……有一群可以一起从南极扯到北极的人，可以一起分享一切的人，这就是 410！

很幸运，即使离家如此之远，我也不会感到孤单。每次当我沿着弯弯曲曲、坎坷不平的家乡山路走出或走进，心中都是同样的纠结和不舍。同样地，每一次，这一条弯弯曲曲、坎坷不平的山路总会指引着我“回家”和回家。每当明媚的阳光照在在群山中穿梭的拒马河上，我就会忘记漫长旅途的疲惫，瞬间觉得自己是那样的幸运。

（二）

第二件事是关于曾经的付出的。

这是无数从衡中走出去的学子们都曾经谈过的一件事情，但真的只有亲身经历过的人才能懂得其中的内涵。

我一直相信，真正优秀的人不管现在怎样，但在将来的某一天总会在某个场景中大放异彩，所以不必着急。

2010 年春天，莘元馆。

“我可以很平凡，但不能平庸。”

“不错，就是这个小子，他的下一个目标就是顶峰！”

……

毫不忌讳地说，这是改变我整个高中生涯的一次演讲，十分感谢信妈给了我这次机会。准备最终竞选以及过程中的各级竞选前后持续了一个多月，我必须承认之前我不是演讲的料，但是我知道，莘元馆那个舞台在等着我。

最热血的时候并不是最后的那一刻，而是灵感突袭的那一刻。

几次彩排，我表现得都很差，甚至丝毫没有信心。那年五一，我跟着小雷去了趟任丘，回来的那天下着雨。我站在操场的主席台上，手攥着几近捏碎的稿子，肆无忌惮地乱吼。那次，我把稿子完全改了。至今，这个场景仍不时在我脑中清晰地浮现：空无一人的操场，细密的雨，我就那么对着空气演讲。

那真的是我最热血的一次。

最后，我做到了。

还有关于集训。

我是一名数学奥赛生，我在 410 班，这是我的荣耀。

在东区教学楼二层的那间教室，我们最后走到了集训这一步，为了一个共同的目标而不懈努力。

每天两次考试，做题，看卷，讲题。重复的生活，但从不单调。集训的 40 天是我最激情的 40 天。那种激情埋在心底，但明显能感觉到它的悸动。

淡定可以创造生机，真的是这样。

我很怀念我这个不称职的师傅给别人讲题的那些时光。

我很怀念在一个封面印着“生命如歌”的本子上写一些随想然后再与某个人分享的那些时光。

我很怀念 10 月 15 日联赛前一天的紧张和 10 月 16 日联赛当天的复杂心情。

我真的非常怀念 410 的过往，可是这些都已经过去了。

集训 40 天。最后，我做到了。

（三）

第三件事是关于大学的。

非常幸运，通过数学奥赛，我被保送到清华大学，那是我多想进入的大学！

至今我也不敢说我对大学生活有多么熟悉：并不是那么满的课表，每天晚上 12 点以后才睡的觉，各种各样的活动。大学期间，我已经不再 5 点 30 分起床，不再跑操，不再面对堆积如山的卷子。可是，当我骑着自行车在明媚的阳光下或是在雨中穿行时，在 410 跑操喊口号的场景却不断进入我的脑海。大学的自由与高中的紧张形成鲜明的对比，可我依然想回到高中那些忙碌时光，我们一起奋斗的日子。在大学时我一度不知道自己将来想干什么，我充满迷茫，想着不如就像当年一样，简简单单地上课、做题。

2012 年 6 月 9 日，大家离开母校。之后，都奔赴自己的梦想之地。

携手奋进，加速奔跑。

最后，我做到了。

我依然会想起我的老师们：信妈，霞姐，奶奶，小苏……

我依然会想起：那个叫作克克的班长，那个“猥琐”的团支书尤某，那个大众基友 ZJ，那个和我见了面就会互叫一声“超哥”的超哥，那个叫小雷的文青，还有那个会说很多梦话的兆哥……

我依然会想起：那个总是挑眉毛的董傲，那个被叫“世猥”的世磊，那个喜欢向日葵叫作“二子”的舒钰，那个红尘哥景昊，还有那个总是第一个到达跑操地点的美琨姐……

我依然会想起：每天和我一起吃饭的好基友阿腾，有那么一丢丢可爱的孟少，每周一次收物理积累本的阳仔，时不时给我们点儿欢乐的常宇，我的女徒弟之一（惹不起）凡姐，我的女徒弟之二（惹不起）小柴，还有后来和我同校的大学同学小熊同志……

我依然会想起410所有的兄弟姐妹！想起曾经绽放过的花开的声音！

感谢410！

谁的青春不迷茫？比结果更重要的是沿途的风景

武博阳，清华大学电子信息科学类专业，加分（奥赛省一等奖）

洋洋洒洒两千字，吾等工科男真心伤不起。话说调研考试语文作文从没有上过 45 分……

首先自我介绍一下吧，本人名叫武博阳吧，在 410 是一名数学奥赛生，别的嘛……大家自己把握吧。

这些天逛衡中帖吧，有一篇帖子引起了我的注意，标题叫《本姑娘来看看你们哪儿好了》，名字够霸气。往往标题带“本姑娘”“本人女”“学妹”等的帖子都会引来一群学长的围观。帖子内容如下：“我就是你们家长眼中所谓的坏孩纸，可是嫩又何曾知道我的心，难道我们没有梦想？我们有，只是比你们早一点看清了社会，选择了反抗。我就不明白了，你们学校严得要死，非得把一个个学生教成书呆子，没一点十六七岁孩子活泼的样子。说你们升学率高，你们敢不敢给其他学校配置一样的教师，看看到底谁好。每个家长都挤破脑袋让孩子进你们学校，我就不明白了，有必要吗？考虑过孩子的感受没？成绩好就不说了，成绩不好的，他们会自卑的，你懂吗？特么的中国应试教育，泯灭了多少孩子的天性，现在社会要的是创新，可我们的想象力从童年就被大人和那些所谓的心灵工程师扼杀了，虽然我在我们那的一高上学，可是过早看清社会的孩子总是在学校的阴暗处，苦笑着。呵呵，也许你们会骂我怎么怎么样的，可是至少我说出来我的心敞亮了，你们也不用说我的父母送我上学怎么怎么样的，我知道怎么疼我的父母，不用你们教。呼呼 ~ 撒有哪啦。”

首先，对这篇帖子，第一个感觉就是“呵呵”，对文字呵呵，对内容呵呵，对叛逆呵呵，对观点呵呵。面对目前一些人对衡中、对衡中教育模式的各种批判，我们只能说：“你们不懂，因为你们没在衡中生存过，没在 410 里生活过。”

你没在 410 里生活过，所以你不懂，团队意识在我们内心是多么强烈。

衡中奥赛班手记：
那些花儿

“我为成功而生，不为失败而活；我为胜利而来，不向失败低头。珍惜分分秒秒，摒除一切杂想；我将全力以赴，共筑一零辉煌！”“我做我能，我信我行。四一零班，奥赛称雄。”每每喊起这些口号，每每回忆起那些共同奋进的日子，我们都会有一种强烈的感受：我们是一群狼，我们是一个整体。同时，我们又是一只只鹰，需要提高个人的捕食能力。一即是零，班强则我强。零即是一，我强则班强。所谓 410，正是如此吧。

你没在 410 生活过，所以你不懂高中生活也可以如此浪漫。

月圆之夜，当校园里的孩子都在想家时，是你，410，给了我们家的温暖。一群兄弟姐妹围成一圈，坐在操场上，享受着那融融的月光，体会着那浓浓的亲情。生日之时，当大家都在想怎样去度过这个难忘的日子时，是你，410，给了我们永久的回忆。当一张张 PPT 在那浪漫的环境中放出来时，当一个个“Today is just for you”摆在我们面前时，当一句句同学的祝福送到我们耳边时，我们是那么的喜悦，我们是那么的感动。

你没在 410 生活过，所以你不懂，走出衡中的我们的代名词不仅仅是衡中，而是衡中的 410。

来到清华，每次“衡中—清华”人在一起聚会时，大家的区分往往是 410 班和非 410 班的。做自我介绍时，我们往往都会以一个称谓自豪，那就是“我来自衡中 410 班”。我来自 410，因为 410 给了我那么多。

说起清华，一个最大的感受就是这个学校好大好大啊（想考清华的路痴朋友要注意啦）。紧张有序的课业学习，丰富多彩的课外活动，给我留下了那么深那么深的印象。清华是一个重视体育的学校，所以对于我这种大懒蛋来说是个最好不过的锻炼身体的地方了。水木清华，人文日新，行胜于言。每日忙忙碌碌的，每天又过得很自由，因为我知道我该做些什么。从衡中带走的精神财富，在 410 留下的精神支持激励着我一步步往前走，轻轻地，稳稳地，这就是我想要的大学生活了吧。

我承认，我比较同意帖文里面那个“本姑娘”的那种“享受”青春的看法，就像歌里唱的，“我的青春小鸟一去不回来”。在这大好的青春时光里不去好好“享受”，到了将来会后悔的吧。可“享受”青春，不是让懒虫、让贪玩的心操纵着自己，而是要清楚自己应该做些什么、要做些什么、该怎样去做。懂得青春意义的青春，不也不失为一种浪漫吗？“享受”青春是指享受着青春的意义、享受着青春的浪漫。青春，我有浪漫为伴，还要去奢求什么呢？

从某种意义上来说，我们这一届已经老了，还在衡中的学弟学妹们，或者还没有上衡中的学弟学妹们，要珍惜你们在高中或者为高中奋斗的生活。关于学习方法什么的，我一直强调，每个人都有自己的学习方法，找到适合自己的才是最好的，如果一味地跟着别人或者老师走反而不好。学习首先是热爱，然后就是要有自己的思想，懂得自己该做什么，怎样去发挥强势、弥补弱势，这才是关键。还有就是基础一定要打牢，基础不牢，地动山摇。

还有一点想说的是，一开始引用那篇帖子，并没有对作者有一点点人身攻击的意思，因为我也曾有过同样的想法，也曾深深地抱怨过这个社会、这种制度。青年嘛，怎么会没有一点点反抗的精神，发出这种言论也是很正常的。不过，如果真正懂得青春的意义的话，就应该会懂得自己到底想要些什么了。实话说，不只是当年作为一个小屁孩，就是现在我也是不太清楚自己将来会成为一个什么样的人。不过，只要一步一步地向着一个个小目标迈进，一步一步地往前走，最终结果怎么样已经不重要了，毕竟比结果更重要的是沿途的风景。

谁的青春不迷茫？愿我们 410 的故事能给你一些启示。

那些年，我们走过的地方

孙子腾，清华大学电子信息科学类专业，加分（奥赛省一等奖），高考全省理科第39名

本想给文章起名叫“忆衡中”，再写几个副标题，什么“一忆忆老师”“二忆忆同学”之类的话，但仔细想来，如此套作之举实违本文之初衷，见证我3年青春的地方当用心去回忆，怎能落入俗套。但本人才疏学浅，写到动情之处难免逻辑混乱、词不达意，望大家谅解。

还记得学习生活中的一次次失败和打击带来的失落与彷徨，还记得冬天早晨跑操时一阵阵刺骨的寒风，还记得触犯纪律后的不解与委屈，还记得高考结束离开衡中时重获解放的快乐以及再也不想重复这样生活的誓言……

但410生活的点点滴滴，总如挥之不去的烟霞，萦绕身边。

还是会在5点30分自然地醒来想起等在操场的信妈或者霞姐，会在听到五月天的声音时不由自主地想起那首名叫《倔强》的班歌，会在看到竞赛有关书籍时想起我们一起爬过的六楼，会在宿舍夜谈时仿佛听到信妈穿高跟鞋上楼咚咚的脚步声，会偶尔想想谁是今天的值日班长……

如果让我用一个词去形容410的生活，我想那个词一定是“纯粹”。在那里的一切都是纯粹的，生活上的点点滴滴都被学习那圣洁的汁液浸泡过，散发着学习的某种味道，似乎没有了这种味道，生活便不再是生活。这里的学习是纯粹的，每个人无论性格如何不同，但对高考和竞赛的投入总是出乎意料的一致：大家都为刷完一套卷子而快乐，都为掌握一个新的知识点而欣喜，都为在一次考试取得的进步而愉悦。这里的感情也是纯粹的，同学间小小的关心都被视为珍宝：伤心时一张安慰的字条，肚子饿时一包温暖的食品，生病时一句关切的问候，都是学习生活之余最美的点缀。也许现在想来它们朴素而可笑，但蕴含其中的同学之间的浓浓的情意让人回味无穷。

毫无疑问，衡中的生活是忙碌的，大学时和同学去上自习，他说：“我感觉清华的4年将是我人生中最忙碌的4年。”我笑了，跟衡中的日子相比，清华的这点功课算得了什么……衡中的生活是残酷的，那精确到每一秒的时间表是残酷的，那冰冷冷的纪律是残酷的，那堆积如山的卷子是残酷的，那接二连三的考试排名也是残酷的……但幸运的是我在忙碌与残酷的生活之中来到了温暖的大家庭410，遇到了含辛茹苦的老师们和70位兄弟姐妹，他们是我生命中一朵朵最美的花儿，陪伴我追逐梦想的岁月，注定将成为我一生中最难忘的回忆。

远足时我们走过的路，中秋时我们一起赏过的月，失落时我们一起吼过的《倔强》，竞选“十佳学星”“十佳班长”时我们一起喊过的口号，生日时同学们一起唱响的生日歌，成功时我们一起绽放的笑容，失败时我们一起流过的泪水……

总有一种感觉，就是每一个410人都有一种气质，一种只属于410人的气质。《亮剑》里讲一支部队的气质是由它的领导注定的，而410的两位老班也都为这个班级注入了不同的灵魂，从而成就了伟大的“狼鹰家族”：高二班主任信妈妈注入更多的是鹰的骨气与搏击长空的理想，她让每一个410人注定不平庸；高三班主任霞姐注入更多的是狼的血性和不达目的誓不罢休的坚韧，她让每一个410人注定不浮躁。她们共同铸就了410的灵魂，也让每一个410人都能在以后的人生道路上走好自己的每一步，成为一只只翱翔天际的鹰、一匹匹嗷嗷吼叫的狼。

我感激410的每一位老师，感激让我学会永不服输的信妈妈，感激让我学会脚踏实地的霞姐，感激引领我竞赛与人生之路的奥赛教练员王奶奶，感激永远鼓励我的于老师，感激支持我走过高三最后时光的王国红老师、李向梅老师、于洪彬老师、刘杰老师……

410的岁月里有我太多的成长，注定将影响我的一生。它让我学会了谦卑，因为永远有人比你更好；让我学会了独自生活，因为兄弟姐妹永远在你的身后；让我学会了分享，因为分享可以让快乐加倍；让我学会了坚持，因为你不是孤单的一个人……

最后的话是写给410数学组的兄弟姐妹们的：无论大家在大学时选择了什么样的专业，但我相信，徜徉在数学海洋中的日子我们每个人都不会忘记。不会忘记我们一起刷过的小蓝皮书、《奥赛经典》、《命题人讲座》……不会忘记我们一起去过的南开、华电、河北师大……不会忘记我们一起考过的试、批过的卷子、讲过的题……集训的时光忙碌而又短暂，但那种追逐梦想、遨游题海的充实相信会深深刻在每个人的脑海。相信无论多久，我们的情谊永恒，对数学的爱永恒。

离开母校后，早晨 5 点 30 分不会再有人爬起来了吧，晚上 10 点 10 分能躺在床上的人也绝对稀有了吧，也不会再去翻看我们读过的课本、刷过的题了吧，但相信 410 留给大家骨子里的坚毅、骨子里追求卓越的精神不会随着岁月而消逝。高中曲罢，而青春之曲依然鸣唱，相信无论多远的未来，当 410 的每一个人回首这段往事，嘴角都会绽放出灿烂的微笑，就像那些花儿：那片笑声 / 让我想起 / 我的那些花 / 在我生命 / 每个角落 / 静静为我开着 / 我曾以为 / 我会永远 / 守在她身旁 / 今天我们 / 已经离去 / 在人海茫茫……

物是人非，花开依旧

孟令镯，清华大学监控技术与仪器专业，自主招生（省一等奖）

当我写下这些文字时，我已经离开了衡中，离开了410，但我的心却没有和它们分开。我特地选了个独处的时间，让自己能够一个人回想过去的时光。

回忆篇

刚刚进入任何一个新的环境都会感到不适应，我进入衡中时也不例外。那时的我对衡中的感觉就像是现在进入清华一样：我来到了一个牛棚，这里到处都是大牛！我觉得自己的奋斗将永无止境（事实也是如此），因为自己不太可能达到顶峰。开学后的一次次考试使我慢慢改变了自己的想法，成绩由第119名提升到第31名、第15名，原来自己可以做得更好，加之听说衡中每年考上清北的有几十人，所以当时内心有一丝小激动。

任何一条路都不是一帆风顺的，这是人们常说的一句话，但却是无比正确的一句话。在衡中的三年，你将亲身见证这句话的真实性。各个学科成绩的起起伏伏都会牵挂着你的神经，倘若你对每次小测都报以十分的重视，那种压力是你无法想象的，所以这就要谈到我在衡中学到的第一点——淡定。淡定不是说你对成绩一点都不顾，而是你要明白自己究竟会了什么，差在哪儿，该怎么弥补。只要知道了这些，你就不需要对那些分数、名次过分关注，而是专注于能力的提升。而提高了能力，哪怕平时成绩不理想，高考时也无须害怕，因为黑马就是这样诞生的。

作为奥赛班的一员，奥赛自然是我们不可缺少的一部分。现在有很多地方不太支持奥赛，觉得奥赛太功利化，其实每一个学过奥赛的人都非常清楚，奥赛带来的欢笑、成功、泪水、失败……都是我们一生的财富。我们自然知道这条路十分艰辛，但我们都无怨无悔地选择了它，我们在乎的不是结果而是过程。直到现在我依然觉得当初选择奥赛是我最正确的一个决定。

高中时的大半时光都是在 410 度过的，这也是我最难忘的一段时光了。还记得每个人过生日时播放的一张张幻灯片，还记得中秋时大家一起在操场上赏月，还记得大家津津乐道的“每周之星”，还记得信妈妈班会上一次次铿锵有力的讲话……有太多值得回忆的东西，我们收获的不只是感动，还有一种力量——让我们克服一切困难的力量！高中时结集出版的班级日志讲述了我们生活的点点滴滴，看起来很平凡甚至很琐碎，但那就是我们真实的内心，单纯而天真，只想向着自己的梦想奔跑，很简单，这已经足够了。我们为什么对这个班级如此热爱？当你真正为自己的班级哭过、笑过后，你就会明白的。

现实篇

写了好多过去的回忆，再来谈一下大学吧。大学的生活和高中真的有些不一样，总的来说就是：自由支配的时间多了，课外活动多了，但不变的是依旧很忙碌。所以还没有上大学的学弟学妹们，不要以为到大学就可以轻松了，有时，大学也是很恐怖的！开始大学生活后，还是有一些感触的。大学中，团队意识不可少，但独立思考也是必备的；学习科研不可少，但兴趣爱好也是必需的；真心朋友不可少，但群众基础也是必要的。大学的生活很美好，你可以将自己过去很想学但又没有机会学的学到手，你可以将更多的知识装进大脑，你可以在各类比赛中崭露头角，你可以聆听大师的讲座，见到那些只出现在电视机里面的人。大学的生活很辛苦，为了一份作业你必须熬夜把它写完，为了一项临时活动你必须调整一天的计划，为了一件琐事你必须问东问西奔波忙碌。但总而言之，大学的生活是丰富多彩的、充满挑战的。

关于大学，我还想谈一件事，或者说谈一个人，她就是我们班的辅导员——大四毕业已被保研的学姐马冬晗。据我们班主任说，她是我们系近几年最优秀的一名学生，因为她是清华 2011 年特等奖第一名。我在这里想说的不是她有多么优秀，而是优秀背后的东西。她每周为自己制定一张计划表，上面列出一周的计划，每天坚持 6 点 30 分起床。不要以为她只知道学习，社工、科研、体育可是一样也没落下。能完成这么多事情的原因只有一个，就是她从不浪费自己的时间，每一分、每一秒都在计算之内，将自己的时间充分利用起来。说起来很简单，但在大学里能做到却是相当难的。知道她平时是怎样度过的，你就不会惊讶为什么她会得到特等奖第一名了。

寄语篇

还有一些对学弟学妹们的话，我再啰嗦几句。高中我经历的坎坷确实不少，也许你们现在也正经历着这样那样的坎坷，但是我想说的是，无论多么大的磨难你都要坚持下去，甚至是笑着一路走下去。过去的坎坷会成为现在的财富，过去经历的磨难越多，你就能越淡定地面对未来的路。还要学会勤奋。社会上有很多人批判衡中教育，但他们不明白的是，我们很多时候近乎疯狂的努力不是由于学校的制度，而是对自己理想的不懈追求。坚信天道酬勤，只要你努力，老天就会看到，你的每一分努力都对应着一分收获。我说的好像都是一些大道理，却是行之有效的经过实践检验的真理，不过真正的践行还得靠你们，愿你们能更加努力，创造衡中更加辉煌的明天。

文章最后，感谢信妈，感谢 410，感谢衡中，想说的还有很多，但总结起来就一句话：我爱你，410！

那些年，我们一同绽放青春

董宇喆，清华大学车辆工程专业，高考全省理科第 34 名

谨以此文献给我挚爱的衡中，挚爱的 410。

离开衡中，但是我的衡中情结丝毫没有随着时间的流逝有过一点点的消退，反倒如一坛陈年佳酿，时间愈久，感情愈深。

校长曾经说过："母校就是你一天骂八遍，却不允许别人骂一句的地方。"初听这句话是在高二的一次升旗仪式上，那时的我还在衡中的"军事化管理"下，所以也没有引起太多的共鸣，反而让我有些怀疑。现在想来，身在衡中时对衡中更多的是不满，但从离开母校的那一刻起，所有的不满都变成了感激和依恋，也许这就是校长之言的真谛所在吧。高二的时候看到学校被不良媒体恶意攻击的时候，也没有觉得这种报道有多可恶。但当高考结束后，我又看到某个所谓权威的报纸用杜撰的事实来对衡中进行批判时，心中突然冒出一股怒火，很想好好批判那张报纸一番。也就是那次之后，每每看到黑衡中的言论时，心中都会有一种反驳的冲动。

我很幸运，在衡中经历了 3 年的历练之后，高考"爆发"进入了清华大学，但在清华生活了一个月后，我发现依然在享受着衡中带给我的美好。进入大学，如果说有哪个高中能让自己的学生受到其他高中大部分同龄人的惊叹羡慕或是尊敬的话，不是黄冈中学，不是人大附中，而是我的母校，河北衡水中学。这里我仅举两个小例子：班级第一次班会进行自我介绍时，我的舍友，毕业于衡水二中的同学先发言："我是来自衡水二中的。""哇！"底下出现了一点骚动，那位同学赶忙说："别激动，这里还有衡水中学的呢。"下面的骚动更大了，只不过这次焦点对准了还坐在座位上的衡中人……后来和衡中的同学们交流得知，基本上所有的人在大学都受到过这样的礼遇。还有一次，军训途中听到几个人谈论衡中便凑过去搭话，被问"你是衡中的吗"，得到肯定的答复后，没想到，4 个人竟然

是同样的“久仰久仰”。我想，也只有衡中可以让自己的孩子不管走到哪里，不管是在清华还是在河北师大，都能因为曾是衡中的孩子而感到无上的光荣。

如果说进入衡中让我拥有了难忘的3年高中生活，那么进入410、选择奥赛则让这3年成为刻骨铭心的回忆，“狼鹰家族”也成为一个永远难忘的烙印。“410已经成了一种文化！”一位毕业于衡中却没能成为410一员的同学如是说。的确，410是一个伟大的班级，伟大不只在于有多么豪华的教师阵容，孩子们有多么优秀，抑或是有一本创造了衡中历史的《花开的声音》，更在于410是衡中历史上最团结的班级，以及在这种团结的氛围下每一个410的孩子都可以得到最大程度的发展。也正是因为这种团结，我们的跑操队伍是最整齐的，我们的助威声音是最洪亮的，毕业后我们的聚会人数也是最多的。也正是在410的经历，让我，一个普通的410人，能够在清华成为班长，用410教会我的东西带领着大学的班级奋勇向前。

尽管有太多的不舍与依恋，我还是离开了410，离开了衡水中学，进入了儿时就梦想的清华大学学习。进入清华后给我最深的感触就是，自我管理能力已成为决定大学成败的第一要素：没有了5点30分的起床铃，是不是就意味着你可以9点再睁开惺忪的睡眼？没有了上课时还要注意你状态的老师，是不是就意味着你可以把上课的时间全部用来睡觉和玩手机？没有了固定的教室，是不是就意味着你可以开始幸福的宅男生活？即使在清华，对如上的问题持肯定答案的人也不在少数，每当这时，我都会从心里深深地感激衡中，正是有了3年的历练，才让我可以早晨6点就从床上爬起来去操场上跑3000米，才让我可以在上课时无论旁边人怎么玩手机都不去看一眼自己的手机，才让我可以在晚上坚持到优美的闭馆音乐响起。自律，是衡中送给我的又一份让我受益一生的礼物。

最后，跟学弟学妹们分享我的一点学习心得与体会。不论你现在是在中游还是在最后，都要始终记得，乐观和坚定的目标是你取得最后胜利的最重要法宝。我在高三下学期的第一次考试中只考了年级第866名，虽然衡中真的很厉害，但是第866名也足以让我和全国前10名的大学说再见。在接下来的考试中，我也从来没有进过年级前100名（要知道，每年凭裸分进清华的衡中理科生不过40人），甚至连学校“清华北大希望之星”的牌子上也只是会偶尔在最后一列看到我的名字，可就是在这种情况下，我始终用类似阿 Q 的乐观来安慰自己："没事，这又不是高考，看我最后一次的成绩"，然后继续埋头为了最后的那场战役而努力。也许是我的乐观感动了出题人，高考那套试卷成了我做得最顺利的试卷，我也从全校的两三百名一跃成为全省第 34 名，让不少人吃了一惊。

具备了乐观的心态，还要始终坚持你的梦想。我们每个人都会在初进高中时有一个宏伟的目标，"我要进入 ×× 大学开始我的大学生活"，现在请问问自己，你对目标的渴望还那么强烈吗？你的梦想是否在一次次的失败中逐渐褪去了原有的光华？你是否在一次次的打击之后选择了妥协，降低了梦想的高度？我很庆幸，我没有让我的梦想褪色，即使是在第 866 名的情况下，我还是坚守着我的清华梦，没有一丝的退让。我还为此放弃了上海交通大学的自主招生资格，只为了不降低梦想的高度，不为自己留退路。我想告诉你的是，不管你现在的处境有多难，都请用近乎愚蠢的虔诚去坚守，总有一天你的梦想会报答你。

当你们通过了高考的独木桥进入大学之后，我希望你们能记得，和高中不同的是，在大学只学习已经不算王道，虽然学分绩点仍会把每个大学生搞得心神不宁，可这早已不是大学生活的全部。进入大学，有了丰富的资源，有了更多的机会，最主要的是看你有没有举起手的勇气，敢不敢迈出那一步去抓住机会。在大学，"酒香不怕巷子深"的道理也很难再适用，唯有敢于尝试，敢于去闯，你才会在大学拥有一片灿烂的天空。

最后就用我一直想对 410 说的话来结束这篇回忆吧：410，you are the best part in my life.

撷花开，续旧梦

徐哲，中国人民大学金融学专业，保送（奥赛省一等奖）

（一）

趴在上铺的被子上，犹豫地咬着笔不知道自己还可以写些什么，还能为410留下些什么。

明显还保持着许多在高中时的习惯。比如，每次想转笔、咬笔时都有种不祥的预感，一到吃饭时间便会有想要奔出教室的兴奋，抑或习惯于在寝室里安然地写作业就像回到和大家一起外出集训的日子。甚至如室友说的“你的睡相很安详，很和谐”。

这时已经不再说宿舍了，因为住的地方变成了寝室，大学寝室，一个由电线缠绕起并带着明显方便面式慵懒气味的地方。

当坐在300平方米的大教室上习题课时，充满了对母校揽月楼四楼那间不到100平方米的教室的怀念。

（二）

很久没认真地写些东西了，也不知道最后会写成什么样子。

非常清楚地记得，当初曾在霞姐37分的评分下连改了四个自习的作文。话说，这时总会很嫉妒某石感情爆发式的写作效率，看着他在我旁边用半节课完美写完我十分纠结的一堆东西，很有一种以头撞墙的冲动。

当然还有曾做过好久同桌的老白，他是我绝对无法做出评价的。这个在我还不知道《滕王阁序》是什么东西时就随手拿它为班里人写颁奖词的才子，那时就超出了我对地球人的理解。还有策哥不为人知却霸气十足的佛经，群“姐”外观飞仙却分量十足的天书。

这几个人从来都是让人感到很有动力的男生专业写手。

（三）

嗯，很真实的存在感又在赶稿中显现了。

回想起来，也许在衡中的日子更像一种对存在感的追求吧，虽然我做得不怎么样，但我还是想这么说。

有人会说衡中过的是机械化的日子，只能说他们失去了存在感。

你看到了现在410花开的辉煌，可知道其中包含了71个人多少的执着和最优秀的老师多少的心血？

曾经冬日雪后的清晨，空旷的纯白操场上只留着“410”这3个数字寂寥地守着整个学校，仿佛一个永恒的存在。那是放假的日子，天寒地冻，但大家留在学校，留在了一起。

很遗憾我已记不起太多细节，我只知道，跑操、上课、奔饭，月考、集训、联赛，那些最难熬的日子我们都在一起。

（四）

似乎写得有些流水账了，只是想写下自己的一些想法，可是许多人和事并不是文字就可以记下的。

在街上看到一个人，可以从他的面貌上为这个人虚构一个人生，即使对他的任何信息都不知道。但对于410，这很显然是个伪命题。

那些看似平静的生活，只有自己真的试过了，才会发现其中暗流的汹涌。

（五）

当年的今天恰好是联赛倒计时第三天。

安静地刷题，即使一天一道题都没做下来。

柴在东区奥赛教室的地面上写下“当一切都开始以倒计时说话了，谁还放得下”。

超哥很淡定地坐在我背后，品着一杯白开水。

居拿起他从来没看过的不等式解法。

阿腾不断做着一些很投入的动作，顾不得联查人员的来来去去。

光耀，好吧，我就不说他了。

410 教室后面的黑板上写着“为数奥的战士祈福”，每天打开教室门看到这句话，心里真的暖暖的。

就在上个中秋，信息、生物奥赛同学给数奥每个人写的祝福记忆犹新。

（六）

信妈在 410 组班时对大家说：“不要再想你们以前的班级，相信我说的，3 年后你们会感激这次相聚，这将是你们人生的一次盛宴。”

确实如此。

大朋、某石、某卓、鹤松带领的会操，每次月考后的双优，超哥、阳仔、镯镯老男孩式的学星，班长、策哥震撼全场的暴力演讲，每个 410 人生日时的 PPT，还有许多许多无法言说的感动。

每一声的呐喊都是声嘶力竭，每一刻的战斗都是不离不弃，每一次的出场都是唯冠必争，这一切成就了 410 的存在。

于是，3 年后，正是花开之时。

我们用了整整 3 年才发出如此动听的声音，用大家最美好的年华去赢取这花开的高潮。

这是 410 的盛宴，这也是对每个可以聚在一起的人最大的安慰。

即使这高潮之后我们共同参加的演出落下帷幕，但这些都是没法虚构的，是最真切的记忆。

纵然我写不出一分一毫，可仅仅这种大家一起奋斗、一起追求梦想的感觉就可以让自己无限慰藉。

（七）

几天前，信妈来北京做报告，抽时间和在北京的 410 人小聚了一下，离开时说天下无不散的宴席。

那情形甚是伤感。

北京、上海、天津、西安……410 人散向各地。

那些执念、那些旧时光就这样离开了，只留下花开之时阳光倾洒的无限柔光。

我只能这样静静地回想，我只想说：可以拥有如此回忆，可以和大家相聚在一起，不枉3年。

在实力相当的情况下，心态决定一切

蔡占锐，中国人民大学理科试验班（信息与数学）专业

花开的声音我们已然听到，现在，那些花儿已经插上蒲公英的翅膀，飞翔在理想的蓝天上，绽放在各个角落。

离开 410 班已经很久了，然而那一幅幅往日的图片仍不时如流水般从脑海中缓缓滑过，提醒着那些年、那些花儿的存在……

还记得那年的 80 华里远足吗？那是我们的“衡水湖一日游”，一个个脚印书写着顽强，一声声歌唱印证着激情。难忘的是信妈妈不顾伤病，坚持带领花儿们走完全程，还有那嘹亮的班歌《倔强》、榨菜和面包、进子的萨克斯演奏、回程的一句句安慰和鼓励……

还记得我们在揽月楼四楼的教室吗？只有我们一个高二班，其他都是高三班。高考和奥赛的压力自不必说，高三良好的状态更使我们倍感差距。在那间教室里，有黑着灯开的班会，我们一遍遍唱着《倔强》，直到泪流满面；有涛老师一次次提醒我们“高考奥赛两手抓”的谆谆教诲，有谋哥激情四射、永不沉闷的化学课，有成人礼上的铮铮誓言……当然，还有那些多得说不过来的奇闻、逸事。

最难忘的当数奥赛岁月。410 最大的特点是团结，而我们比其他班级更加团结的原因，除了老师和班委的努力，更在于这份不一样的生活和追求。在六楼的数奥教室里，我们潜心思考，努力攻克各种各样的数奥难题。面对题海，我们少了做高考题时的疲惫劳累，多了攻坚克难的激情和信心。外出培训时，大家互相照顾、互相体贴，真的就像一家人一样。生病时王奶奶总会第一时间送来药品，带来问候、关心，让我们在异乡也能体会到家人般的温暖。伤心难过的时候，又是数奥同学的鼓励和奶奶的开导让我们一步步走下来，克服了一个又一个困难。回想起那段数奥生活，有太多留恋、太多不舍。

然而无论如何，时间的书卷一页页翻过，再美好的东西也终会化成甜美的回

忆。到了大学，没有衡中的严格要求，没有人帮你把每一分钟都安排到具体的事情上，更没有像衡中那样把学生当作自己孩子的老师。不可否认，大学生活很精彩、很丰富，但是少了衡中的那份简单和高效。上大学后，不少同学听说我来自衡水中学后总会露出赞叹的表情，而且往往会加一句“军事化管理是吧”，我摇摇头回答：“不是的，应该说是精细化管理。”听了我的一番介绍，总有人说：“这不还是军事化管理吗？”确实，相比其他高中，母校的管理的确严格，各方面要求很高，但这并不是如同军校或者某些以军事化管理来塑造学生人格的学校。在衡中学习的孩子是快乐的、单纯的，大家没有太多的杂念，一心追求梦想。410更是这样。我们不是像外界想象的那样被残酷地逼着学习，要知道，那样是不可能让衡中取得如此优异成绩的。只有快乐的学习才是有效果的学习，而衡中就是一片快乐学习的乐土。这里没有尔虞我诈，只有可爱的老师和在一个战壕并肩作战的战友。和其他中学尤其是某些大城市的名校比，我们失去了一些东西，但是我们收获的更多——不只是知识，更有获取知识的能力和优秀的行为习惯、做人的品格和修养，等等。

有些东西失去了才知道是宝贵的。衡中是这样，410是这样，数奥组也是这样，母校留给我印象最深的莫过于揽月楼六楼的教室，一个人或几个人思考数奥题，感受思维碰撞的火花。就是这种最单纯地追求理想的感觉，才会给人最深刻的印象。现在想想，为什么几乎所有衡中人在离开后都会怀念衡中，都会感觉衡中生活的宝贵呢，大概就是因为单纯的理想吧。衡中人的理想是一致的——考上一个好大学，所有的老师和同学都在为这样一个目标努力，学校的所有制度也以此为出发点，任何没有理想的生活都是可怕得令人窒息的。衡中因为有了理想，才有了勃勃生机和源源动力。

离开衡中很久了，但是想想410，想想高考前的日子和高考，就像是昨天的事一样。高考考完语文后，自我感觉良好，可最后的结果却证明语文是我唯一考砸的一科。所以无论什么考试，除非有100%的把握，否则不能相信所谓的考试感觉，更不能自以为是早早就妄下定论。尤其是对待高考这样的大型考试，心态一定要平和。“在大家实力相当的情况下，心态决定一切”——这句话在衡中时我们已经被告诫了无数次，这是毋庸置疑的真理。高考期间衡中还会有三年一遇的福利，不只是早上 6 点起床、晚上 9 点 30 分熄灯，还有食堂的优惠饭菜，老师们亲手煮的茶叶蛋、亲手做的贴着“高考必胜”字样的蛋糕，更让人感到温馨的是班主任一遍又一遍地提醒和安慰，老师们说不完的加油和鼓励。往日如歌，高考就是一支激昂的交响曲。

高考结束后，我进入了中国人民大学——这个有如衡中本部和东区建筑风格的集大成之地。首先，像衡中西区一样，人大自然环境幽雅，人文气息浓厚，是学术研究的不二选择；其次，如同衡中东区一样，人大校园建筑紧凑，不用骑自行车就可以不费力地逛遍。这里有厚重大气的明德楼，有古朴典雅的图书馆，有幽静别致的一勺池……各种精彩，各种体验，尽在人大。

记得当初在衡中写班级日志时，用得最多的一句话是“且把闲言少叙，只说真话”，在此，我也少叙闲言，说一句心里话：“410，我爱你，永远。”

高中不苦一阵子，也许人生会苦一辈子

柴君卓，中国人民大学金融学专业，自主招生

又是秋天了，还记得多年前的那个 8 月，我第一次踏进衡中的校门（当我还是小学生的时候，就对那里充满了向往与期待），发觉校园很美，而 3 年后我告别母校的时候，依然觉得那里很美。

同学的人人网上流传着一句话："衡中把能给你的都给了你，就看你自己能不能把握了。"衡中，究竟给了我什么？高考结束之后总想用文字给这段时光留下些许记忆，却生怕笨拙而稚嫩的语言让回忆失去了原本的光彩。然而无论我身在何方，身上都永远地留下了衡中精神的烙印。

在衡中的生活是辛苦而幸福的。那时的生活只有学习和成绩，每天三点一线，但是充实而快乐。5 点 30 分起床，5 点 36 分到操场站队候操背书，在别人看来不可思议、不可能完成的事情每天都在衡中上演。多数人无法理解衡中人 15 分钟的吃饭速度，更惊讶于衡中人每天将近 15 小时的高强度学习，但这只是衡中人实现梦想的方式。曾经的我也做不到，高一的时候吃饭总是踩着铃回教室，早上起床再收拾干净就 5 点 45 分了。但是 3 年后，我们都练就了这样的"神速"，虽然其间也受过老师的训斥。当我真正离开那个地方才明白了老师的辛苦——每天比学生起得早，比学生睡得晚，试问还有哪所学校的老师能像衡中的老师这样敬业？

也许每个高考生都觉得高三是黑暗的，我高三的时候也是这样煎熬，每天都对自己说为了不再来一年一定要好好学习！那时候，每隔一段时间神经极度紧张就会濒临崩溃的边缘，多想扔下卷子不做，去操场上大喊发泄。我记得高三有一次月考成绩很糟糕，心情也很差，就向班主任张老师请假，想回家调整，但是老师不同意。当时我很委屈，为什么不让我回家？老师只是在我的周记本上写下这样一行字："现实只能接受而非改变！"没办法，我只好留在学校等月末放假。

渐渐地，通过调整挺了过来，我发现原来自己也可以解决这些事。临近高考的自主复习阶段，每天都要交一张表格督促自己总结今天的收获，那时候心理压力自然很大，于是就表现在了表格上。后来表格发了下来，张老师给我的评语很简单却又十分有力："挺住！"很大程度上是老师的鼓励支撑我走过了高三。老师那么辛苦地一年一年把无数的孩子送进了大学，真的很感谢老师。如今我走进了理想的大学，回想高三，觉得自己在老师的支撑下好强好强，高三的自己原来过得很快乐。

无法否认衡中的生活是辛苦的，但是每个从衡中走出来的学生都会感谢母校。没毕业的时候我们总是说什么规定很变态，作业太多了，以后打死也不会来了，可是走出校门的时候，剩下的只有眷恋和不舍，我也是在那一瞬间开始感谢那些"变态"的规定和那些永远也做不完的作业。有人评价说衡中是"大学生的加工厂"，但是衡中人在学校学到的绝不仅仅是知识，收获的也绝不仅仅是分数，高效率、踏实稳重还有追求卓越的衡中精神深深地影响着每一个人，我为自己是衡中人而自豪！

更骄傲的是我是 410 的一员。410 是一个团结而伟大的班级，曾有同学羡慕我们 71 人实到 68 人的聚会出勤率，我只想说，因为我们有奥赛作为共同的信仰，所以 410 无比的团结。410 人是幸福的，每个人都是朋友，即使平时交流不多，却也都是那种需要了叫一声就到的亲人。虽然我在家里是独生女，但是到了 410 我有了 70 个兄弟姐妹，我爱他们。老师更是不用说，教过 410 的老师绝对都是教学水平最顶尖的老师，他们也都深深地爱着这个班级，爱着我们这 71 个孩子。高二班主任信妈妈更是为 410 付出了许多，她让 410 成了衡中校史上独一无二的班级！

如今步入了大学的校门，一切都变得不一样了。教室来回换，宿舍不再只是休息的地方，更多的时间由自己来支配。每当我感到迷茫的时候，总是提醒自己是一名衡中人。我曾宣誓要恪守"追求卓越"的校训，衡中不再只是一个地理的坐标，而是变成了精神的寄托。大二时学长请客的时候说："我们要把衡中追求卓越的精神传承下去，让衡中人在大学形成一股'势力'！"没有在衡中生活过的人不会理解衡中的精神力量，衡中成了大家联系彼此的纽带，更成了每个人心里共同的信念。每次我自我介绍的时候说自己是衡中毕业的总是会引来惊叹，其实外界真的把衡中神化了，衡中的学生绝对不是书呆子，我们既会学习也会享受生活，我们只是在高中三年里暂时放弃了一些与高考无关的事，不过，即使只是学习我们也能收获乐趣，也会成长。

衡中真的是个让人怀念的地方，当初多么希望逃离那里，然而如今只有感激与骄傲。衡中的生活很苦，所以衡中人不怕吃苦；衡中的生活很紧张，所以衡中人享受充实的生活。

学弟学妹们，好好珍惜你们的高中生活吧，不要抱怨学习多苦多累，假如轻轻松松地过 3 年，也许你会辛辛苦苦地过一辈子。我理解衡中的生活很枯燥，尤其是高三，每天各科发的卷子平铺在桌子上都会有 5 毫米厚，但是请你们一定要坚持，有什么事多和老师交流，老师们都很好，有时候或许只是一句小小的认同的话都会让你重新获得信心。高中的日子其实过得很快，所以要珍惜每一堂课、每一个自习、每一张卷子。自助真的不必要每张必做，没有时间就要舍得放弃，放弃了就要放得下，不要跟别人比，不要整天想着谁比你多做了多少题，有些题不用重复做。祝愿学弟学妹们考入理想大学！

410 的花肆意绽放，那些花儿，还记得那些年我们一起经历的高中生活吗？

倔强地追求卓越

李喆，北京航空航天大学材料科学与工程专业

初中毕业时，一个好朋友在同学录上给我的留言中有一句“三年弹指一挥间，入学还仿若昨日，今朝我们就要各奔东西……”高考结束后，对这句话有了更深的体会与感慨。是啊，2009年8月，我们从各地来到衡中这个大家向往的人才摇篮，几多憧憬，几多兴奋，几多担忧……我为自己是一名衡中人而自豪，为自己远离家乡而惆怅，为高中生活的未知而好奇……几个月后，我们这些怀着对奥赛向往和好奇的孩子从30多个班级中聚集到了410这个大家庭，从此互帮互助，相互鼓励扶持，走过了将近两年的时光。

两年，大家真的一起经历了太多太多，好多好多场景浮现在脑海，好多好多话想说却又不知从何说起。当我从群共享里看到一些同学的文章，眼睛不自觉地湿润了。

想起那个让人铭记的班会。我们在黑暗中高唱班歌《倔强》。那个班会是沉重的，直指每个人的心灵深处。“你说被火烧过才能出现凤凰。逆风的方向更适合飞翔，我不怕千万人阻挡只怕自己投降……”不管我们曾经经历过什么挫折，不管我们正在经历什么痛苦，也不管我们将要经历什么磨难，所有的一切都是生活对我们的考验。信妈妈说学语文要“死去活来”，活用一下，我们的生活也要“死去”才能“活来”，就让我们将经历的所有苦楚当作“死去”，咀嚼后吸收其中的营养，慢慢地我们就能在生活的浪潮中“活来”。班会那一晚我们真的成长了，这中间还有一个温馨的小插曲。那晚我们回宿舍很晚，宿舍已经熄灯，同学们都睡了，刚进宿舍楼时有同学没注意到这个问题，上楼的脚步有点儿急、声音有点儿大，马上有人提醒轻点儿，于是大家就轻手轻脚地回到了宿舍。虽然在别人休息时保持安静是我们的基本礼仪，但是在那么紧急的情况下（了解衡中纪律的人就会懂得时间有多紧迫）同学们能做到这样，我真的为在这样一个集体中生活而

庆幸。我们是优秀而团结的，衡中人也不是只会学习。

想起庆生。很多人的生日是在学校过的，身边没有爸爸妈妈，但是有 410 这个大家庭，生日被赋予了新的内涵，这也给我们忙碌单调的生活添了一抹色彩，让我们感受到家的温暖。

想起自习前后。子悦飞速地发卷子，肖荻说着“别说话了，赶快写吧”。数学自习很紧张，有时题真的做不完，于是很多人拖着不交作业，胡瑞兆就会站在讲台上说“谁最后交谁去送卷子啊”，伴着一些男生的闹着玩儿的骂声，胡瑞兆喊一声“走了”，后边跟着晚交的同学喊着“等会儿，等会儿”。与此同时，柴柴会喊着“没交习字的赶快教，改错本不合格的重交……”此时英语卷子已发下来，听力已开始，10 分钟的课间就这样被压缩得所剩无几。

想起跑操。410 班的跑操无与伦比，印象深刻。高一时我们与 411 班互相叫板，口号喊个不停，此起彼伏，虽然累但很开心，士气被鼓舞。410 的兄弟姐妹齐心合力捍卫 410 的荣耀，不折不扣。

想起考试。那么频繁的考试，自习考试化，考试自习化。在衡中三年不知道一共经历了多少次大大小小的考试。有考试就有排名。410 与 404、405、411 的竞争从未停止。记得当初 404 有同学在网上说他们班才是真正的王牌，每一个 410 人都很愤慨。但是就像信妈妈说的那样，我们与其他的班级虽然有竞争但不是敌人，我们需要在竞争中寻找不足，更快进步。与其他班级的竞争是我们 410 这个伟大集体的集体生活中很重要的组成部分，在竞争中我们用实际努力捍卫属于 410 的荣耀，无愧于“尖刀班”的称号！

想起热腾腾的饺子。很多外地的同学放假都不回家，有一次，于老师在家煮了饺子，马上把热腾腾的第一锅饺子给留校的同学端来了，同学们得以一饱口福。虽然不是什么山珍海味，但于老师送来的更有她对学生们的一腔热情、满心关怀，让远离家乡和亲人的孩子感受到家的温暖。那天徐希浩他们中有人脚受伤了，好像是白轩然拿着筷子将饺子送到兄弟嘴边。多温馨的画面啊……

想起运动会。高一时运动会没开成，高三的运动会少了数奥生，只有高二的运动会最好。常宇在看台上留下了很多让人发笑的瞬间。记得徐希浩跑到 410 兄弟姐妹面前还不是第一，410 的呐喊给了他力量，最终他冲到了 NO.1！大家一起为他呐喊、叫好！子悦虽然之前不会三级跳，但经过学习，再加上很好的身体素质，在三级跳比赛中也取得了第二名的好成绩。对了，运动会时学校发了一些水果，于老师又给我们送来了一些葡萄。于老师对我们真的很好，很多事都想着我们。当然，其他老师也都很好，410 的所有荣耀都少不了他们的辛勤付出。在此，真心感谢所有 410 的老师，你们辛苦了！

想起让人无语的违纪。玩手指，弄鞋带儿，摸耳朵，抠鼻子……在衡中有各式各样的违纪。

……

“四一零，巨龙腾。夺第一，气如虹！”

“我做我能，我信我行。四一零班，奥赛称雄！”

“我为成功而生，不为失败而活；我为胜利而来，不向失败低头。珍惜分分秒秒，摒除一切杂想；我将全力以赴，共筑一零辉煌！”

“我们是‘尖刀班’，尖刀出鞘，谁与争锋！我们会倔强地追求卓越到永远！”

……

花之忆：
经历了才会懂得曾经的美好，失去了才会懂得珍惜

苏冰，北京航空航天大学理科试验班类（中法工程师学院）专业

烟花尽，庭前雨落；花复开，物是人非。410人，大江南北；那些花，依然陶醉。

9月的风未停，悠长的思未止，410的人，却已远去……静下心来细细回味曾经的一切，突然感到几分怀念、几分伤感。

犹记得那个伟大的班级，那个无论是在衡中史上还是个人心中永远都不会褪去的字样——410。它的存在已不仅仅是一个班号，而是我们每个人身上又一个标签，一个专属于“狼鹰家族”的标签。我为自己身为一个410人而骄傲。410，我深爱的家，一个由71个兄弟姐妹共同构建起的神话。“只有经历了才会懂得曾经的美好”，那些曾经看起来难以承受的学习压力、时间安排、校规校纪，如今都成了另一番耐人回味的甜美记忆。“只有失去了才懂得珍惜”，确实，此时此刻当我坐下来回忆衡中时，心里充满了温暖也有些惋惜，惋惜自己没有了再次体会衡中生活的机会。

数年前的我们，在缘分的“驱使”下走到了一起。3年的生活我们一起走过，早晨的伴月齐跑，正午的路上穿行，夜晚的望月回寝……一个个富有衡中特色的画面永远地定格在脑海中，并将同年龄一起勾画我们的人生。

望明月共度中秋，猜字谜同品元宵。高中时的佳节虽然不能和家人一起度过，但410和信妈妈却给了我们另一种节日的记忆，一种大家庭的温暖……

苦去，甘来。

高中的日子，总伴随着几分枯燥，但在丝丝缕缕之中却夹杂着鼓舞人心的气息，看似简简单单的3年却是整个人生的关键。犹记得那些曾经的泪水，它们象征的是不屈，是倔强，更是我们青涩时代的缩影，苦一些、累一些都是为了自己在决战之时能够自信一搏、潇洒一战。每天都是在无数的题目和讲评中狂奔，对

于“累”我们真的免疫了，因为我们麻木了。信妈妈告诉我们“通往名校的路是用一张张卷子铺就的”，而这铺卷子的过程会让人产生厌倦的疲劳，熬过来的人都会知道，毕竟我们真的很累，累到一种不知道疲倦的程度。但是，这一切是值得的，当我们经历了，就能在这曾经的苦中品味出一份异样的甜。

犹记那些年，梦曾一起追逐。多少日夜，我们为难题而一起兴奋；多少日夜，我们为 410 的又一个第一名而一起狂欢；多少深夜，一个妈妈和 71 个孩子在一起陪星伴月。那些日子虽已远去，但我们一起追逐的梦未曾隐退。

花为未来放，同为 410 拼。如今，410 的花儿们走到了祖国的大江南北，一起为 410 的进一步辉煌而努力着。“做鹰一样的个人，做狼一样的团队”，“我做我能，我信我行”，曾经的口号依旧回荡在心中，时刻鼓舞着自己。作为 410 的花儿，我们不得不离开我们深爱的 410，但是身去心留，我们的心永远汇集在这个只属于我们的港湾。410，我只能选择暂时地离开你，因为我要拼搏出属于自己的人生，同时也要为了让更多的人认同你的强大而努力。我相信，些许年后，当我们每个 410 人都做出一份自己的事业时，我们又会走到一起，一起畅谈曾经的岁月，一起回忆我们共同的家、共同的信妈妈……

至于我自己，虽然由于一点点的遗憾未能走入清华园，但身处北航最顶尖的院系——中法工程师学院，我同样对未来充满了信心与期待。走进了大学仿佛觉得自己距离社会真真正正地近了一步，这是一切都要靠自己的地方，从学习到生活，突然让我觉得有个人时刻监督着自己是多么幸福的一件事啊。所以对于学弟学妹们我最想说的就是你们应该细细体会高中生活的充实，不要抱怨，体会这有序的生活所带给自身的意志品质的提升。因为当你们走进大学时，你会发现自己的独立能力、处事能力和别人相比所具有的巨大优势。当你们自我介绍时，一句“我毕业于河北衡水中学”足以引来所有人的掌声，这并不是夸张，而是我一次又一次的亲身经历。一件小事却充分显示出伟大衡中所带给我们的不仅仅是高分，而且还有别人崇敬的目光。

中秋的北京，幽深的古巷，静谧的庭院，走进书香墨客的故居，登上犹存古香的楼阁，现代化帝都中的点点古色古香让我沉醉了，我的内心不再平静，我渴望为自己的未来继续拼搏，也为了那承载了太多期盼的 410 之梦贡献薄力。

花开的声音依然在心头回响，那些花儿也继续为青春怒放。

花开不败，410永存……

背水一战，才能勇往直前

王迪，北京航空航天大学计算机科学与技术专业

衡中的一切历历在目，难以忘怀那些为梦想起舞的日子，难以忘怀那些艰难又心中烈焰升腾的岁月。“什么是母校，母校就是你一天骂八遍，却不允许别人骂一句的地方。”我终于明白，衡中的点点滴滴已经深深地融在我的血液里，印在我的脑海里，是衡中为我插上了翅膀，助我梦想起飞！

在衡中的 3 年里，我的个人成长历程被我写满了整整两个本子，那是些刻骨铭心的回忆。不管时间多么紧张，这为人生存档的时间我都会挤出来，把老师的鼓励、自我的激励记下来成为我永远的财富。而毕业之后，似乎要写的有好多好多，我却莫名其妙地不知道要从何写起了，也许只有在那种整日为梦想拼搏、不曾懈怠的时候才会写下那可以让自己流泪的点点滴滴吧。现在我又找到了那种感觉，好像又回到了高中，在挤得满满的教室里汲取着营养、积聚着力量。那时我们一门心思谋高考，没有一点杂念，只想在 6 月的高考会战中取得胜利，像明星在 6 月闪光，像花儿一样在 6 月绽放。

每当提起 410 这个班级，总是让我感到无比自豪，我们之所以看似骄狂地宣称我们的 410 是伟大的，是因为我们的班级在高手云集的衡中开创了多个第一，我们的高考成绩也是最好的见证，清华、北大、复旦、上海交大……这些字眼永远是那么绚烂夺目。我们是温暖的家庭 410，我们是伟大的班级奥赛班。在这里我们有 71 个兄弟姐妹、深爱着的信妈妈，还有融入我们家庭的那么多和蔼可亲的老师，我们是“狼鹰家族”，我们是“尖刀班”。这里是花园，71 朵花苞在这里开得绚烂，映红了整个夏天。

回忆起高中的那些故事，心中再起波澜，没有经历过高三的人不会懂，没有在衡中的人也不会懂，当那刻骨铭心的一幕幕在我眼前闪过时我的眼泪忍不住流过脸颊，那是怎样的一种感情？不经历风雨怎能见彩虹，没有人能随随便便成功，

当拨云见日的时候我只能任眼泪恣意流淌。衡中不是遮挡视线的乌云，因为是衡中让我们飞上云端；衡中不是奋斗者的地狱，因为有梦在的地方就是天堂。对于一小部分人对衡中的指指点点我们只是付之一笑，我们在衡中真实地生活着、快乐着、充实着，每一个衡中人都以衡中为自豪，“追求卓越”的校训将毫无疑问地激励我们一生。俗话说“内行看门道，外行看热闹”，作为最有发言权的我们感激我们的母校，无论我们走到哪里，我们都会十分自豪地宣称我是衡中人！

衡中可敬可爱的老师们奉献了自己的光阴，点亮了我们的青春。在老师的帮助下我如愿以偿地走进了自己理想的大学。衡中教会了我如何做人，教会了我如何学习，在大学我仍将恪守衡中“追求卓越”的校训，在学习方面继续创优，在实践方面事事争先。因为我从衡中走出，我就不能屈居人后，要永远向高处攀爬，就像在衡中时一样。攀爬比攀登更困难，因为是爬啊！记住，不管你是否暂时落后，你都要相信这不是结局。在我进入大学的那一刻，我就把目标定位在了更高更远的山峰。高中的目标是考上名牌大学，而进入大学后就要全面发展，学习、实践、交友等。大学是一个平台，也是我们这一代有志青年的舞台。我们的国家还不够强大，少年强则国强，祖国的未来靠我们！大学毕业后是我们施展抱负的时候，朝阳无限好，因我正青春！

高中阶段是我们为成人成才打基础的好时机，也是进入大学的必经阶段，高中之路走得是否精彩真的会影响我们的一生。精彩不是一帆风顺，事实上，或许经历过坎坷的美好结局才是真正的精彩！因此，不管你经历了多少挫折都不要气馁，更不能放弃，难道你不觉得这是你一生的财富吗？难道高中三年我们就只为大学通知书而活着吗？大学通知书我们要定了，但是我们更需要的是为人生储能，顽强拼搏，自强不息。

接下来，我和学弟学妹们分享一下我的高中是怎样走过来的，希望能为征途上的你们提供一些帮助。

满怀着对未来的憧憬、以全校第一的成绩来到衡中，正想着“我的梦想起飞啦”的时候一调考试沉重打击了我，难道要犹豫或者怀疑吗？当然不能！硬着头皮上啊，这才哪儿到哪儿啊，鹿死谁手谁知道！我还是比较勇敢的，居然以几百名的成绩开始学习数学奥赛，后来才发现，挑战才刚刚开始。我在奥赛班里一直是排在后一半人员名单里，在数奥组里也一直排在后一半人员名单里。那又怎样，违背自己的初衷而放弃吗？这是你的风格吗？我问自己。不，我的字典里没有退缩，哪怕是双膝流着血也要继续向前爬。汪国真在《热爱生命》中说："我不去想是否能够成功，既然选择了远方，便只顾风雨兼程。"这就是热爱生命的方式，选择了就笑着走下去吧！

在数奥之路上摸爬滚打两年，参加全国高中数学联赛一无所获，这次我真的感觉到前所未有的失落，这也是我十几年间遇到的最大挫折，再也不能一笑而过了，因为足足两年啊，时间、精力、金钱各方面都付出了那么多，保送加分之类都与我无关了，我向谁哭诉？哭过几次就又启程了，因为高三了，别人都在跑，你没有时间犹豫，自己要做好自己的心理医生。以前是奥赛、高考两条腿走路，现在只剩高考了，跟着大部队跑吧。背水一战，才能勇往直前，因为我没有退路！我一直相信："如果上天没有给我想要的，不是因为我不配，而是因为我值得拥有更好的。鏖战6月，我必称雄！"

最后，我无悔了。我的高中生活是丰富而充实的，那么值得回忆，因为我经历了那么多的挫折，我挺过来了，北航也是我满意的大学。抗挫能力和大学通知书双丰收了，这时的我可以大哭一场，也可以坦然地笑笑，因为真的很幸福。我可以自豪地说："回首高中三年，我不因虚度年华而悔恨，也不因碌碌无为而羞愧。"

学弟学妹们，我能做到的你们也一定能做到，甚至可以做得更好。高考还没有到来之前，你们每一个人都有机会。是的，每一个人，因为一切都在变化着。不用去仰望别人，你要做的是使自己强大！保持对成功的渴望！Believe yourself！

最后，以一副对联赠予所有在高考路上战斗的勇士：上联"数载求学纵苦三九三伏无怨无悔"，下联"一朝成就且乐一生一世有喜有甜"，横批"金榜题名"。

祝高考路上的战士们金榜题名！

人生可以是忍受也可以是享受，享受仅有的拥有

高雪迪，对外经济贸易大学法语（经贸方向）专业

高中时，有一群人，想起他们嘴角就会挂起笑容。

聚会的时候，不必说太多的话，看看 410 的每一张脸就觉得很满足了。

说起 410，话涌到嘴边，却不知从何说起，总是写不出想表达的意思。

印象很深的一句话是一个朋友说的，“410 让鸡变成了凤凰，而我却成了凤尾”。话虽说得心酸，但那时候真的会想，410 给了我满足感，我又给了 410 什么呢？现在我明白了，我是 410 的一分子，我给了 410 温暖，我也在拼命努力，这不是简单的爱，而是一种习惯。

虽然离开衡中太久了，却还记得知道自己高考成绩的那天晚上无限空白的心情。高中三年留下来的画面都已发酵成了快乐，回忆时，印象最深的都是甜（就像军训，即使这么苦，印在脑海的也只是笑声与感动），比如远足走到嘴里有血腥感还在乱喊，比如望着圆月席地而坐的夜晚，比如那个“拈花惹草”的元宵喜乐会，比如数奥组一起坐火车回家时热闹的场面，比如……

关于数奥，我想说，是你给了我整天泡在数学堆里的机会，那时候确实脑子转得很快；是你给了我像集体旅行一样的外出培训，加深了兄弟姐妹间的情谊；是你让我知晓其实有不少人比自己刻苦并且还很聪明，让我体会到了紧张学习的慌乱和做出一道道题的快感，也让我品尝到了持续低迷的感觉。联赛是我的第一重悲剧，不过我还是很喜欢数学，虽然我的大学课程里竟然神奇地没有数学。高中数奥组每个人都是亲人，“那些出生入死”的兄弟一个都不能少。

我很庆幸当时选择了对外经贸，我知道其他大学也很好，而且大部分会比我们学校大。但是就如我和幼晗从清华回来时的共同感触，我们并不羡慕清华北大。是的，我们学校没有清华很文艺的建筑，也许还没有北大的后花园大，可正是贸大给了我们一种归属感，所以纵使其他学校是再美丽的浪花，我只爱属于自己的

那一朵。

对贸大的感情一如对母校衡中。大学开学初，经常重复这样一个场景：

“你是衡水一中的？”

——无数的目光投向我。

“哇！你就是那个变态学校的？”

——个别尖锐的声音发出。

我知道，又到了为母校大衡中辩护的时候了。虽然外人眼里的衡中很奇葩，可衡中三年是我有生以来度过的最刻骨铭心的日子。

我真的很幸运，我的小学就遇到了第一任巨棒的数学老师，我的初中也让我很传奇，我的高中更是给了我最充实的 3 年，而我的大学最终让我有很强烈的归属感。虽说一步步都是自己努力的结果，但是仍然要说我很幸运。大学开学后，去掉军训，我还没有在 12 点前睡过觉，然而这只是大学生活的冰山一角。不要以为大学的课程变少就意味着可以放松，与之相比，我很想念高中单纯学习想问题的日子。但也完全没必要悲观，大学及毕业后的日子会过得很精彩，我相信。

大学伊始，各大组织齐招新，我也选了几个感兴趣的组织报名，可是面试却是处处碰壁，最后再做自我介绍的时候，麻木到只说了名字、专业、来自哪里，就完全不知道说些什么了。不能不说说我成为贸大新闻网一员的故事。我从来没想过当一名记者，当时也只是被新闻网极广阔的视角吸引去的。因为喜爱并且想学习摄影，所以一开始报的摄影记者，可表现一般，另外有足够拥有单反、摄影经历的同学对比，我就被刷掉了。感谢我的幸运星 Q 姐，是她把我的报名表从一堆的报名表里又刨了出来，专门让我去新闻网的办公室和他们聊聊。我们聊了足足两个小时，很幸运，他们觉得我当一名文字记者会更好一点，给了我二次机会，然后我又开始了西天取经一样的面试过程。我的表现平平，虽然每次都做了充分准备，但是没有多少感染力的语调总是把我想到的采访问题弄得跟清汤挂面一样。还有像 Q 姐说的，采访时某些没有必要的形容词从一面一直保留到了三面，但是她相信我有潜力变得更好。她说缺乏气场是我现在面临的大问题，不试不知道自己其实真的可以，很多东西是可以学习的。

如上就是我高中和大学的经历。仍在单纯学习的学弟学妹们，我想告诉你们的是，坚持会带给你好运。我还想说，你们要学会一种本领，是可以最大限度把学习和生活分开的本领：学习的时候就要心无旁骛，生活要尽可能地去追随自己的心，认真地疯狂一把吧！

择我所爱，无悔成长

刘泽宇，北京中医药大学中医学（岐黄国医实验班）专业

“开始的开始我们都是孩子，最后的最后渴望变成天使……”听到这首由一群高中毕业生创作的歌曲《北京东路的日子》，一下子触动了我，让我回忆起了自己高中的岁月，回忆起了母校衡中。

其实，我对衡中的感情比较复杂。一方面，我感谢衡中，在这里我度过了3年的青春时光。3年里，我收获了很多、成长了很多。从入学时的军训，到80华里远足，再到成人礼，各种活动都给我以教育，让我的心智更加成熟。还有“十佳班长”竞选、“十大学星”竞选、运动会……让我们释放青春的活力，展现年轻人的风采。衡中的学习氛围十分浓厚，让人心生一种虔诚和激情；衡中的纪律严格，各项工作井然有序。在这里，我的意志力、自制力得到了锻炼，集体意识、纪律意识、时间意识得到了增强。我还深刻地体会到了不畏困难、坚持不懈的精神以及校训所讲的追求卓越的精神，同时，我也收获了与老师、同学的深厚情谊。但另一方面，说实话，我并不很喜欢衡中的管理模式。尽管学校会举办各种各样的活动，但这仍难以掩盖平日校园生活的单调与机械。每天的作息时间安排精确到每一分钟，没有丝毫空余，从早上起床到晚上上床休息，除了吃饭睡觉，剩下的只有一件事，那就是学习。不过，这不完全是衡水中学的责任。在今天这样的大环境下，一所中学是无法改变什么的。衡中模式是这个环境下适者生存的结果，我们作为学生也只有适应。

尽管衡中达不到让外界百分百的满意，而且在一小部分人眼中、口中总有无数的不尽如人意之处，但不可否认的是，衡中人身上都闪耀着一种光辉，那就是追求卓越的精神。衡中的老师在教育工作岗位上兢兢业业、一丝不苟。对他们来说，早出晚归是家常便饭，挤出休息时间给学生辅导更是义不容辞的责任。衡中的学生勤奋好学、积极向上，并且能在繁忙的学习中找到乐趣。追求卓越，便是

衡中师生精神之所在。

再来说一说我亲爱的410班。410班是衡中历史上独一无二的班级，是衡中历史上的一个传奇。410伟大不只因为是奥赛班，也不只因为在奥赛和高考成绩上创造了巅峰，更因为是一个如此团结的班集体。410有一种强大的凝聚力，使班里的所有人都紧密团结在一起，心往一处想，劲往一处使，拧成一股绳。大家在一起相互关心、相互帮助、共同进步，每一个人都为之付出，每一个人都热爱这个班级，并以之为豪。每当有人过生日时，同学们就会为他制作幻灯片，一起祝他生日快乐；当一部分奥赛同学外出培训回来时，大家就会热情地迎接他们。在410，没有冷漠自私，有的是对同学的关心，对班级的热爱。整个班级确实让人感到像家一样的温暖，而且，班里的同学都有自己与众不同的个性，这些个性使410充满了活力。不同奥赛学科的同学也有不同的特点，数奥的同学思维活跃，生奥的同学沉稳严谨，信奥的同学则有全新的视野，这几种不同的颜色融合在一起，让410五彩缤纷。

下面说一说我自己。高中时的我一直不算出色，无论是在学习上还是在各种活动中我都是“默默无闻”。或许是同学们都太优秀，也或许是我未能及时适应衡中的环境，未能及时适应自己与他人的成长，总之，这段岁月，我走得并不漂亮。

好在最终的结果还算如意——我的高考成绩还比较令自己满意。但这个时候，一个新的问题——报考摆在了我面前：在这个人生的路口，我究竟该选择哪条路？是理想一点，还是现实一点？是舍弃更好的条件遵从自己内心的向往，还是听从家人的劝说选择一个有名气的大学或是所谓的热门专业？我本以为自己会很果断，但事实上还是犹豫了。经过若干天的思想斗争，最终，我还是坚持了自己的理想，尽管这条路可能更不好走。等到十几年甚至几十年后，或许我会为自己当初的坚持而庆幸，也或许会为当年的固执而付出代价，但不管怎么说，自己的人生之路要由自己选择。既然正值青春年少，那就要勇敢地拼一把，即使一路坎坷，至少朝着理想奔跑过，没什么可后悔的。

其实，青春本来就是这样，要去冲，要去闯，否则就太乏味了，我现在回想自己的高中乃至初中就总感觉缺了点什么。如果不想后悔，如果不想辜负青春，那就不要畏首畏尾、患得患失。精彩是自己争取的，回忆是自己创造的，青春，没有什么不可以。

来到北中医，我发现自己的选择是正确的。尽管学校不大，但这里有我喜欢的课程，有一群志同道合的同学，还有适合我的文化氛围。这里，是我的大学，是新的起点，是梦起航的地方。

大学是一片理想与自由之地，但是，理想不是幻想，自由也不等于放纵。在这里，没有那么严格的纪律和作息安排，也没有人去要求你、督促你，学什么、怎么学、学多少全凭自己。在这里，你不仅要学会学习，还要学会交往，学会参与，学会寻求自我的发展。这里的挑战远比高中要多，而且全要靠自己。我在中学留下了太多的遗憾，自己欠缺的东西实在是太多了，因此，我要在大学弥补回来。高中无悔于奋斗，大学无悔于成长，让青春各有各的精彩！

成长像蚕的蜕变一样，没有经历过痛苦是无法展翅高飞的

孟亦同，中央民族大学计算机科学与技术专业

2012年6月，我的高中生涯宣告结束，高考不理想，所以高中生涯画上了一个不算圆满的句号。

不想用太多华丽的辞藻来描述我的高中生活，我是现实主义者，就直接说出我3年来的心理路程吧。

回想起我的高中时代，可以说是我人生的第一次蜕变。

高一时，学校组建奥赛班，我因为对数学学科的喜爱和往届奥赛班骄人成绩的诱惑进入了410。我原本以为自己有一定的天赋并且认真努力就一定能在今后的奥赛生涯中取得成功，但是事实证明我幼稚了。在数学天赋上我和班里的一些人相比还有很大差距，这种差距是单凭努力弥补不了的。我一直咬牙坚持，流血流汗，与别人的超高智商抗争，真的是挑战了自己的极限，无论是在智力上还是在刻苦上。我在学习奥赛的过程中几乎是时刻与失败为伴，时刻品尝努力而没有收获的苦果，真的苦。不只我，很多同学都有过同样的感受，所以平时大家无奈地开玩笑说“麻木了”。我是一名底层的奥赛生，没有骄人的大奖，没有鲜花与掌声，我生活在他人的光环下，被残酷地竞争下去，还要为他人给予充分的掌声与微笑。我感觉我的灵魂一直在逆境中苦苦地挣扎，我的身心一直在逆境中拼命而痛苦地生长。长期没有成功，长期没有认可，长期没有自我肯定，长期没有自信，这就好比一棵生长在岩石中的小草，没有雨的滋润，至于它是怎么活下去的，怎么坚持下来的，没有经历过的人都会苦苦思索这个哲学般深奥的问题。答案其实特简单，就是两个字，坚持。坚持不住了怎么办？坚持不住了还要坚持。

衡中最痛苦的不是生活的紧张，而是巨大的学习压力，尤其是在努力得不到收获的情况下。

奥赛上我的确失败了，我收获了什么呢？具体无法量化，但我可以明显地感

觉到自己甩掉了身上原先的很多幼稚。

因为在衡中最优秀的班级，我也有幸认识了很多优秀的同学，这是一笔宝贵的人生财富，我从他们身上学到了很多，尤其是做人方面。最值得提的一点，班里优秀的同学几乎都具备一种品质，就是谦虚低调。在我的眼里，他们取得了让我望洋兴叹的成绩，但是和他们在一起的时候感觉他们特别平凡，他们谦虚得很。他们身上还有非常可贵的一点就是宠辱不惊。已经被保送北大的同学和大家一样，早5点30分起床，晚10点睡觉，还经常帮宿舍同学值日；奥赛失利的同学没有自暴自弃，照样高考考上清华。我认为已经无法逆转的环境在别人那里真的逆转了，我真的由衷佩服。

不得不提一下信老师，这是一位有人格魅力的老师，很能干，为人师表，超级负责也超级辛苦。

衡中真的很锻炼人，上了大学后你会发现，身为一名衡中人你是幸运的，因为你身上有面对苦难时从容淡定的人格芳香和一种有实力却不张扬的大气，等等。我发现，我从母校带走的最珍贵的东西不是名校的出身，因为大家都一样在一起学习，而是吃苦耐劳、灵活应变和良好的学习习惯。有了这些财富，大学的学习生活很充实也很快乐。这财富也许是一生的。当我成为一名大学生，我所要做的就是继续像高中那样刻苦努力，直到有一天取得我想要的成绩。因为实力最有发言权。

对于学弟学妹们而言，我是一个失败的例子，所以希望你们可以从我的身上吸取一些教训。如果你觉得现在自己很失落很不如意很痛苦很委屈，那么你要学会坚强，这才是真正地成长，就像蚕的蜕变一样，没有经历这些痛苦是无法展翅高飞的。有时候，痛苦的滋味需要自己咀嚼，就算很伤心，也要尽量做到宠辱不惊，要努力扩大自己的胸怀，这是一种气质，会为你以后的形象加分。还有，不要因为自己做得不够好就盼着别人也一样做得不好，事实证明，总有人可以做好。如果总是盼着别人做不好，那么就会让自己越来越落后，所以一定要努力做到最好，就算做不到也要努力去做。如果心里实在无法承受压力，去找同学、找家长倾诉一下，别一个人憋着，这样是不对的，大哭一场不是什么丢人的事。另外，无论学习成绩如何，好也好，差也好，都要有礼貌，尊敬别人，谦虚低调，宽容大度，宠辱不惊，这些会对你的人生有重大影响。

最后，祝愿410班的兄弟姐妹们幸福快乐，410班的亲情之花永垂不凋谢；祝愿学弟学妹们都能如愿以偿地进入理想学府，早日成才。

高考不全是知识的对抗，更重要的是心态的较量

苏浩然，中国石油大学（北京）勘查技术与工程专业

经过风霜洗礼的花儿终于实现了不仅是自己也是那些呵护花儿的人的愿望，就这样，我走出了衡中，迈向了远方。

依然如此，像命运转盘一样，我回到了小时候，以一种全新的姿态迎接世界的光彩，殊不知多少年后我还会跌倒，但那时的我还会是现在的我吗？我会哭泣，还是一笑而过？

回首衡中三年，酸甜苦辣历历在目，现在才发现衡中生活赋予我们情感上的领悟是货真价实的。我经历的不只是高中，感觉更像一个世纪，由初生的懵懂与期待到末世的沧桑与祈祷。

刚踏入衡中时，对于这所全国闻名的高校，我有一丝窃喜，这就是大家常说的骄傲吧。我并不是没有自知之明，只怪我中考失利，没进入衡中实验班。但如今，我也很开心能进入普通班，我相信这是命运的安排……在一段时间的纠结后，我终于确立了自己的人生目标，这是衡中教会我的最重要的东西。对于能进入奥赛班，可以说完全是个意外。在 410 第一次班会上，大家都介绍自己是被“骗”进来的，我虽然没说，但想想也确实如此。

在 410 的时间最长也最无语，一开始围绕奥赛与高考的话题，就像“非典”来袭一样，弄得人心惶惶。我还好点，不是第一个“阵亡”的。因为对地位崇高的奥赛有着不切实际的憧憬，所以在未触及我的底线前我还在苟延残喘着。当时可能我的性格并不适合做这种高深的学问，于是，为保数学成绩，我最终还是退出了。

其实还不如一开始就在普通班学习比较稳妥，还是自己的不成熟害了自己。高三了，谁也没想过这个问题，包括我。本来我不觉得我笨，衡中又教会了我一点，其实谁也不聪明。因为某些不称心就放弃自己的人是比蠢人还蠢的人，可是

当初没想明白，就这么堕落了。高考动员会如满天繁星，相信不仅是衡中，凡是毕业班的学校大概都会经历这种事，我拼命想要结束这折磨人的高中生活，这就是苦透的结果。

高考惨败收场！

我如愿以偿地走出了衡中，却有些不情愿地进入了大学。

人们常说大学生活很自由，其实上大学的人都知道，大学生活很忙碌，尤其是刚入学的时候。

我想重新开始，一切都是。

中国石油大学意外的小。

舍友都很好，我们6个人来自6个城市。六六真顺。我们6个人没想到刚到大学的第一天就饿肚子，为领一卡通等到了中午10点，于是集体去了一家餐饮店，说实话不怎么好吃，但当时感觉挺好的……

仅仅一晚上，院学生会进入了我们寝室四次，弄得我们也不好意思了，于是6个人全报名了学生会，意外的是都通过了，而且是6个部门。我的面试算是比较惊险的，在舍友们知道复试通过后，我其实认定自己过不了了，复试第一轮可以直接入选的机会我就没抓住，主要是没理解出题人的意图，这一点倒是给母校丢人了。第二轮除了有点儿紧张外，表现得还行。后来听学生会会长说外联部是竞争最激烈的部门，没选上也没什么关系，他曾经去面试时的状态和我有点儿像。不过，最后和他一样我也加入了外联部。

社团问题其实不是那么轻松的，除了学生会还有青协，每天会议不断，还真没有以前无官一身轻的惬意了，大学的轻松也不过如此吧。不过“报酬”还是挺可观的，除了可怜的加分外，社团给了学生手册试题库，考试就不用那么费劲了，到了军训和节假时还有礼物。

在大学，学习不再是唯一，也正是如此，在大学完全能够展现自己的魅力与能力。大一新生都怀抱着未来的憧憬走进了大学，我也是这样，但心中总有一份不安，因为我将自己刷新了，对挫折有着强烈的警惕之心，我想自己也应该爆发一把了，将自己这么多年的潜力挖掘出来，如一首歌唱的那样：“摆脱命运束缚，随心所欲前进，连接世界！”

现在仍在高中刻苦攻关的学弟学妹们，甘苦自知，但这份苦是没办法删除的，对于高考，能够微笑面对的人还没出生呢，所以在某种意义上你们的苦其实没什么可比较的，谁吃的苦越多，谁的果子结得越成熟。当你们处于我们这种情境时一切都会明白的，只是时间的问题罢了。

说点实际的东西就是：高考不全是知识的对抗，更重要的是心态的较量。心态调节不好，一切都是枉然，我就是个鲜明的例子。我高考那年新课标卷其实很简单，我却在这场战争中吃了亏。所以说，平时不要总盯着卷子看，也要适时调整自己的心态。高考也不过是纸老虎，没什么好怕的，用一种君临天下的姿态来迎接高考，便会唯我独尊。

花落无声似无情，心有千丝旋若净。

阳光依旧灿烂，天空依旧瓦蓝

张默，中国石油大学（北京）数学与应用数学专业

我习惯性地抬起头，发现天空很蓝，是那种瓦蓝，清澈得像湖水一样，熟悉得像那些花儿一样。曾经鲜艳过也将一直亮丽在我的记忆里的花儿啊……

我不知道应该用什么时态来写这篇文章，那些花儿，听起来似乎是过去的事情了，可是我就是不愿意那么鲜明地给它们划分时代，我宁愿活得糊涂一点，似乎这样就可以一直拥有它们。

用一首歌的时间回忆吧，因为我是用歌曲来记忆我的青春的，无论是歌词还是旋律都记录着一种心情或一段成长。

《泡沫美人鱼》

那是我们第一次外出培训，7 月的石家庄燥热得像蒸笼一样。我记得刚去的时候，徐光耀就给大家买好了解渴的西瓜，真的挺甜的，谢谢“乌龟”（徐光耀外号）了。我记得石家庄的天空一般都是灰白色的，很无趣，但是清晨的天空是蓝的，虽然还算不上瓦蓝。浑浊一点的东西有两种可能，一种是它真的很脏，另一种是生命形成初始的混沌，就像盘古开天辟地前的世界，形式的单纯。那段日子的天空是第二种，我觉得。那次什么都是第一次，第一次大家一起坐大巴，第一次听专家讲课，第一次不是跟家人外出，第一次牺牲自己的假期……我们白天听课是抓阄找座位的。河北师大里有一个冰激凌店，我们一起去吃过好几次——你们还记得那位很有气质的阿姨吗？第一次见李伟固的时候，看见他那有个性的发型和打扮，我们都惊讶不已——还记得他那超级的扯淡能力吗？还有《泡沫美人鱼》的来源，张异凡，你知道你有多烦吗，一天到晚抱着平板电脑看《泡沫之夏》不说，还非得给别人讲给别人唱。我觉得大 S 唱得其实很好听，可是由于你总是在我耳边唱，我的脑子里只储蓄住了你那吓人的声音。那时候以及以后的很

长时间，我们总是吵架。我曾经真的觉得你是我见过的最讨厌的人，邪恶、自私、娇气、无常……我们还绝交过呢，就在我 16 岁生日那天。有时候命运是很滑稽的，你根本想不到人和人的缘分竟是那么奇妙，可能你印象很好的人与你擦肩而过了，你在张望的同时还惦念着他的好；可能你以为萍水相逢的人却阴差阳错走进了你的世界里——你们都在过自己的生活，交叉以一种最自然、最无意的形式产生，当你们发现的时候，感到不可思议的同时也会会心一笑吧。我用《泡沫美人鱼》作为我青春里的第一首歌，不仅因为它的音调里藏着我流转的时光，也是因为这首青涩歌曲里唯美的歌词、忧伤的曲调里像极了我 16 岁时天真幼稚的心。冰激凌里融化了的稚气，借来的篮球里打出的傻气，五子棋里玩出的自以为是……我们不要责怪过去的自己，尽管那个人真的有让你不满意的地方，因为正是过去的那个你承担了经历，接受了成长，今天的你才得以变得不一样，才变得越来越好，越来越像自己。

《最初的梦想》

有一方天空一直都不大，它蜷缩在一排排瓦房的屋顶之间，但是它足够瓦蓝，对一个梦想的执着和渴望可以让一个人心甘情愿放弃全世界，瓦蓝就是放弃之后的纯净简单生活。其实印象深刻的并不只《最初的梦想》这一首歌，还有我们的班歌《倔强》和《我相信》。我觉得我们之所以会记住一首歌，会在听见时驻足回味，是出于它曾经触动过我们的心弦，给过我们与众不同的感动，因此我们真正怀念的归根到底是自己或激动或难过的心情，这算唯心主义的说法吧。我有时候想，410 这个名字在我的潜意识里，比如做梦的时候，带给我印象最深刻的是什么，或者说当我回头时，在我的高中时代留下了什么。冲进脑子里的第一个画面，就是那次班会大家一起唱《倔强》的场景，然后是远足时的大红旗，再就是中秋节时操场上的赏月，下一个画面是王老师慷慨激昂开班会……我喜欢《倔强》里的一句歌词，“当我和世界不一样，那就让我不一样”，我觉得我们班的人都是不一般的与众不同的人，我们都有自己的个性却又心甘情愿地凝聚到一起，我们有不一样的性格却真诚相待，因此成为交心的朋友。每个人都是上帝精心的作品，相识是命定的缘分，相知是前世的默契，相交则是一种碰撞和磨合，恰恰是那个陌生、了解、熟悉、争吵、翻脸、原谅、宽容、坦诚的过程，解释了活着的意义和人与人之间微妙的共生互给关系。我们410能这么团结，大家能这么向心，是因为我们曾一起哭过笑过吵过闹过奋斗过追求过，在梦想面前坚定地宣誓过跌倒过流泪过，在生活面前可爱地傻笑过……正如《最初的梦想》中的这段歌词：“沮丧时总是明显感到孤独的重量，多渴望懂得的人给些温暖借个肩膀，很高兴一路上我们的默契那么长，穿过风又绕了弯，心还连着像往常一样……”

花开本无声，可是我们用心却听到了花开的声音。

那些花儿已然绽放，可是我们用心却铭记下苦涩和芬芳。

有一天我们各奔东西，大学给了我们和原来不一样的探索这个世界的视角，我们要面对并且驾驭新的生活，接受挑战和未知。

书是良师益友，却不能代替生活和经历给我们上的课，当我们年满18岁，成人就不是拥有身份证这么简单，成熟也不是你以为够坚强就可以了。不管是家庭层面的照顾父母、理解长辈、用“情”字去顺、用“义”字去孝，还是社会层面的关心弱势集体、关注同胞利益、献身公益事业，以及国家层面的维护祖国主权利益，比如钓鱼岛问题，对于我们来说这些都是责任，这是外界约束而我们必须履行的。对于自身，我们面临更多需要解决和平衡的问题，如梦想和现实，亲情、友情和爱情，自我与集体，事业与兴趣，精神与物质。找到自己的人生信仰，建立一个强大的自我，树立积极的又不失个性的价值观、人生观、世界观，不断地充实自己，寻求内心的充实感、幸福感，以一种温暖的心态去和这个世界互相磨合，我们要一边接受着这个社会不尽如人意的一面一边活出自我并且享受生活的精彩。学会妥协并不是迷失，而是让自己想要的以一种上帝允许的形式出现。

那些年，我们一起走过的岁月。

那些花儿，曾盛开得无比璀璨。

我们好像是分开了，可是故事并不会因此结束。鸟过无痕，却留下振翅之声；花开无声，依然有沁透泥土的芬芳。我们都走得挺慢的，和一辈子那么长的路比，没关系，生活会继续精彩下去，天空依旧瓦蓝……

高考的魅力不在于称心如意，而在于阴差阳错

赵宁，北京科技大学信息与计算科学专业

想起在怀柔军训的夜晚，抬头望向天际，明亮的天空会有数不清的星星。这满目的星星，有的灿烂夺目，有的色泽缤纷，而有的却躲在角落黯淡无光，一如那些年我们一起走过的青春。

一起走过的青春，有过欢笑，有过泪水，有过光鲜，有过黯然，有过歇斯底里，有过为梦痴狂。而当所有的一切都过去的时候，回头再看，这一切的一切都幻化成一颗颗美丽的珍珠，串联起最美的珠串，闪耀着最明亮的青春光泽。

一起走过的青春，我们曾经很懵懂。陌生的环境，陌生的同学，迷茫无知中我们推开了奥赛神秘的大门，尽管当时还意识不到奥赛究竟会带来什么，我们还是默默接受了从“摸爬滚打走高考”到“高考奥赛两手抓”的转变，自此开始了一段不一样的人生旅程。

一起走过的青春，我们曾经很欢乐。难忘元旦长跑，亲身经历过才明白集体的力量；难忘 80 华里远足，一路上留下一串串歌声、一行行笑声，刻入脑海的神曲《东风破》《少年中国》以及摇旗呐喊；难忘各种竞选，排山倒海的口号，势如破竹的胜利；难忘中秋佳节，围坐操场，有良辰美景，有同窗相伴，有《月半弯》，有宝塔诗；难忘成人礼，家长们的嘱托，信妈妈的希望，读信时的感动，吃蛋糕的满足，以及互抹蛋糕的邪恶……难忘在 410 一点一滴的生活细节，你们留给我的都是感动。我想就算多年后再来回忆，它们仍旧会像沙滩上闪光的珠贝，时不时地让你捡起它，细细地咀嚼品味。

一起走过的青春，我们也曾经低迷过。我依然记得因状态不佳被信妈妈、霞姐、涛哥找去谈话后决心满满的样子，依然记得退步后把自己蒙在被子里一遍一遍骂自己没用的场景，依然记得每次成绩公布时每个人脸上凝重的表情，依然记得格物楼上班长对着班牌深深一躬，依然记得揽月楼上一遍比一遍嘹亮的班歌《倔强》。

我也依然记得那篇激励了无数人的复旦女生写的文章《花开不败》："我不知道这一年里这些花儿是不是也是这样漂亮地开放着，如果是，我想我应该感谢它们。我嗅得出空气里有许多甜美的味道，有一个很美丽的词突然冒出来：花开不败！"

一起走过的青春，我们共同前行。选择了奥赛，就意味着我们选择了一条与众不同的路。不管这条路是怎样的荆棘遍布，不管别人如何高看或鄙视奥赛生，也不管生奥书有多厚、代码有多难敲、数奥题有多难搞，我们永远都不是孤军奋战。我永远都会记得我们温馨的数奥教室，平时和蔼但有时会狠狠批我们的奶奶，两个搞笑的科代表，一大帮可爱的同学，当然，还有紧张的模拟测试、井然有序的批卷、激烈的争论、思维的碰撞……有时候，真希望自己一觉醒来，发现自己坐在数奥教室里，群"姐"和CS争论正酣，我对旁边的轩然说："我怎么做了好奇怪的一个梦。"

也许之后所经历的一切真的是一场梦，在梦中，我以一个悲剧的省二结束了奥赛生涯，之后转战高考，先是悲惨的自招失利，然后以高中三年以来最差的成绩外加高三下学期从一调一直退到高考的历史奇观结束了我的高中，再然后云里雾里地填志愿，迷迷糊糊地走进了北科大。等我清清楚楚、真真切切地意识到这不是梦时，我已经成了一名大学生，已经不再是整天只是单纯地学奥赛备战高考的高中生了。

雅桐曾对我说过一句话，"高考的魅力不在于称心如意，而在于阴差阳错"。阴差阳错地，我考进北科大，学了一个和数学相差无几的隶属于数理学院的专业。我也一度有些自卑，直到一个学长说，不要以为来北科数理学院的都是高考考砸的，都是被调剂来的，都是天生的穷小子，都不如别人，也不要以为所有进清华北大的都是天之骄子，不要这样想，也没必要这样想，只要你想得到的，不管在哪个舞台上都一样可以得到。

进入大学，我也常常想，和大家一起走过的青春我到底收获了什么，衡中到底带给我什么，410到底教会我什么。无疑我是一个高考失利者，我没有在衡中收获到我期待的成功，可衡中教会我的远比一次高考的成功来得更现实。衡中教会我的是一种追求卓越的人生态度，衡中教会我感恩、责任与坚强。一次次高密度的调研练就了刀枪不入的不坏金身，一次次哭过失望过又振作了的轮回让我们明白了从来没有过不去的坎儿，从来没有踏不平的山。“大风大浪都过来了，还有什么可怕的吗？”

看过这样一句话：“从踏进衡中的一刻起，我们就成功了——无论高考是成是败；从踏进衡中的一刻起，我们就成功了——因为我们已经有了不平凡的心智。”

人人网上曾有一篇题目是“如果召集高中的全班同学再回高中，你愿意吗？”的转帖，仔细回想我的高中，身处其中时，总是想要逃离，等真正离开，却才发现自己是多么怀念曾经的岁月。其实，当一切都过去之后，我想说，无论最后结局如何，我都不后悔选择了衡中，选择了奥赛，不后悔曾经来过这里。我很庆幸，在最美的年华里遇见了最美的你们。

时光和命运相携着奔跑，穿过岁月的花园，花园里玫瑰逐渐凋零。每次我想抓住流年的时候，往往只抓住它的尾巴，很快它就绝尘而去。或许，我的高中岁月就这样不再回来，但我还有大把的青春时光可以掌控。我想，经历过衡中的那些时光，经历了那些年我们一起走过的青春，未来的每一天我都会过得很好，也相信不管未来在哪个舞台我都会活出自己的精彩。

梦想的距离有多远？只在于今天和明天，只在于一念之间

徐希浩，南开大学软件工程专业

像高中接续班级日志一样，接力棒再一次传到了我这里，一种归属感随之降临。面对回忆，或许每个人都希望自己有穿越的能力，我很怀念当时坐在拥挤但是有条理的学习小天地里宁愿挤出公共自习时间去完成属于自己的学习板块。410 的花儿飞往了不同的方向，在大江南北陆续开放……在花飞之季，下面的文字，写给我亲爱的 410 和所有关注衡中的友好人士。

高中毕业季终于也属于了我们，向南走，向北走，匆匆的我们就这样各自奔往不同的城市，又开始了一轮对梦想的追逐。

回忆高中，回忆高三,一切变得那么遥远。还记得高三上数奥时，我们有认真阅卷的，有激烈讨论的，当时脑海中闪过，明年 6 月，这一切融洽的景象将会不再，我熟悉的同学们也会在远处的不同城市各自有着不同的和共同的回忆。410 确实是个很强大的集体，牛人很多，奥赛和高考证实了我们的实力。410 的强大在于强大的凝聚力，这种凝聚力，来自信老师的引导，更是我们每个人对这个集体爱的付出。一次班会上，信老师问我们 410 是谁的集体，有的回答“是每一个人的”，有的回答是“我们的”，直到有一个答案“是我的”得到了认可，于是，“410 是我的”成为共识。强调集体意识，衡中将它做得很出色，410 又是其中最出色的，这本是见证。那种集体意识并不是简单的空话，仅仅是相互之间的一份关怀，小部分之间的一种默契与融洽，几个志同道合的同学之间的欢笑畅谈，几个幽默或浪漫的音符协奏成一曲交响乐并具有无坚不摧的力量。感谢 410 给我的温暖，难忘 18 岁的生日，那些卡片，生奥生们送我的那张大大的机读卡上的话语和那个精心排版的“XU XI HAO”。谢谢轩然的知心话，朋友不必多言。

回忆起 410 的每一位同学，都能发现各自性格和品质上的闪光点。性格决定命运，这话确实很正确。410 是一个个性张扬、活力四射的班级，相信每一个同

学今后都能成为各自领域的佼佼者。有些外人用异样的眼光看衡中，认为衡中只是应试教育的产物，这样的评价过于片面，显得衡中很机械。但事实上在衡中的3年时间，衡中教给了我们怎样做人，我们也锻炼了知识技能，完善了自己的个性。

我的高中学习，一部分给了高考，一部分给了奥赛，它们共同给了我不平凡的经历。如果只说享受追逐梦想的过程，只能是空话而已，事实上对于奥赛和高考我都留下了遗憾。但我认为对我而言，命运中的成功机会很多，当然考上一个更好的大学成功会更容易些。我会用更多的付出来换回我想要的成功人生，不惧怕路途的曲折。

高中部分就说这些吧，回忆的东西太多，有很多共性，可以在这本书里找到很多共同的追忆，我在此只把自己的一些感想分享给大家。

高中生活很快过去了，再回首，觉得也没那么苦，反倒充满了甜。初秋的季节，我步入了美在其魂的南开大学。因为在南开度过了几天奥赛学习生活，所以在这里上大学是带着一些美好回忆的。其实南开并没有美丽或者气派的外表，但是久而久之，我喜欢上了它：南开有一份内敛的气质，有一份博大的胸襟，有一份厚重的历史，有一份一流的学风。站在新开湖畔，扑面而来的清新空气，阳光透过法国梧桐留下的斑驳倩影，恰为南开学子营造了晨读的极好氛围。南开的性格恰到好处，恰是我所喜欢的。“美哉大仁，智勇真纯”，校歌里的这句话正是我的追求。喜欢南开，还因为这是敬爱的周总理的母校。每当想起周总理，我都会有为中华而奋斗的热血沸腾在心中，我的人生也将会在周总理光辉的指引下去寻找更大的舞台和更大的使命。

进入大学后，发现大学生活确实很精彩，自由成了主旋律。大学可以说是一个全员互动的平台，机会有很多，但是也要自己去争取。你要尽自己的全力去展现自己的才华，展现多年来积淀的各种知识技能。每个人都能在大学找到自己的闪光点。大学里社团很多，不妨多报一些，然后再留在能给自己带来提高的社团，其他的打打酱油就算了。经过两轮面试，我加入了南大的21世纪青年学社英文演讲队，这也算是圆了我自初中起的一个愿望吧——总是想参加英文演讲，一直很喜欢英语，终于在大学里成为现实。然而，我参加获得了世界大学生奥林匹克合唱比赛三项金奖的南开大学合唱队面试，却因门槛太高被拒绝，真的好伤心。

还记得曾经因为忙于奥赛主动退出高中合唱队，当时就下决心在大学弥补这个遗憾，不幸遭遇滑铁卢……我想告诉大家的是，如果你之前有遗憾，一定要在大学时弥补回来，继续去实现直觉中的小愿望。记住，青春不留白，努力了就不遗憾。高中时可以低调，但是到了大学就该高调了，我说的高调和积极意思差不多，但是仍要有一个谦谦君子的心态，要知道人外有人，不要太骄傲，因为很多人和你一样也在积蓄发展的力量。在大学里一定要为自己储备各种知识上的和处事方面的经验技能，为自己将来在职场和社会中的竞争做准备。在南开大学开学典礼上，龚校长特意强调了“自主”两个字。奥赛学习给了我宝贵的经验，我觉得大学和奥赛经历差不多，学习上的自主对你的成绩起到决定作用。在大学，压力是自己给自己加的，如果你不想平庸，如果你还有更高的人生理想，你要自主安排学习时间，自主地去钻研。梦想的距离有多远？只在于今天和明天，只在于一念之间。今天还坐在教室的你，明天就会迎来自己的梦想。正在奋斗的学弟学妹们，我只想对你们当中还有些彷徨的并不是最优秀的人说：不要犹豫，你的梦想在你的笔下、在你的书中，记住虔诚的努力会换来最后的成功。你可以改变自己，但永远不要怀疑自己；你可以虚度昨天，但要把握今天。永远不要背叛最初的梦想，只要你认为你可以你就可以！在高考的独木桥上，只有目标最坚定的人才能一鼓作气抢先冲到彼岸。

那些花，花儿飞；那些年，永回味……

花开至此，至此依旧

刘士琦，南开大学经济学专业

衡中对于不了解它的人来说是一个神话，而对于我这个在衡中学习过 3 年的人来说，回首往事，收获的却是别样的感受。因为衡中让我知道了什么是真正的班级，让我来到了 410。当时的些许抱怨、不理解，现在却成了人生中重要的一笔，让我们在回顾高中生活时，记忆中不仅是所谓的魔鬼训练，更是像战友一样在摸爬滚打中留下来的多年不变的情谊。正因为衡中的经历，让我对未来更多了份自信。

每个人都有自己的生活，即使在同一个环境下，感觉也会有很多的不同。对我来说，最大的感觉莫过于在如此千篇一律的生活中竟然没有感觉。只要经历过高考，谁的生活都不会是有滋有味的。直到现在，我都能背出每天早上买的不变的饭，清楚地记得早预备几点几分下课以及食堂哪天中午有什么饭。在外人眼中，我们像在地狱中一样，而我们，至少我却一点也没有这样的感受。每天去吃饭的路上与同学互开玩笑，讲一天中好玩的事情，这些伴随我们走过高考，成为最美好的回忆。高三，当真正苦时你并没有感觉，当你发现苦时它已经过去了。

以上就是在我看来衡中的学生是如何在河北乃至全国的关注下走完高考这条路的。给衡中加上的种种标签还是外界的假想多一些，衡中的政策也很少有为学生做负贡献的。而这些在我们离开衡中后才明白，所以才更加怀念衡中。

凡事都在比较中产生，我相信衡中的学生在大学都会在生活习惯上有些不适应。试想一个连续 3 年每天早上都 5 点 30 分起、晚上 10 点睡的学生，让他突然早上 7 点起、晚上 11 点 30 分睡，他受得了吗？其实放眼中国，至少在我了解，其他省市的学生很少有像衡中这么规律的作息，而这就涉及大学的现状，是你去影响别人还是被别人影响。这种“影响”无丝毫贬义，因为每个人情况都不同。有的人就是晚上 10 点犯困，有的人就是半夜 12 点还倍精神。这种选择没有对错，因为大学本来就是自己选择生活方式。在大学，学习方面还是咨询多一点，生活方面还是自己多探索一点。

现在开始说说我的大学生活。到了南开，在高考出分之前自然是没有想到，出了分毕竟很高兴，但在410这个神奇的班级里，南开，呃……（清北同学笑而不语），还好还好。南开很不错，同学在军训过后都立即开始学习了，让我很佩服。每天6点30分打完球后在南开的校园各处都有背单词的同学，小说中写的散漫的大学生活我在南开基本是没见到……古人有龙虎之气，南开的同学好像都有些学霸之气，这从高数课占座的惨烈程度就能感觉到。其实每所大学都很棒，只要你别畏缩，多虚心请教，机会自然会来。

学弟学妹们，你们或许正在写着永远也写不完的自助，或许正在跑操时仍大喊着“高考必胜”。作为高考三次模拟从没进过年级前500名最后考了252名的学生，我想送给你们一句话，“不要想太多，把平静放在第一位”，因为我高考时就没想任何其他的事情。这看起来很神奇，但大家平时还是要多练练如何清理杂念。在高考的那两天不要想那些没有来得及看的知识，多给自己鼓劲，信心多了自然不会想其他的；想得多是因为你心虚。所以话说回来，还是相信衡中吧，因为你到了大学会发现衡中难以置信的影响力。

说了这么多，全是我对衡中真实的感情。曾经的我也对衡中的管理有过叛逆，有过不满，但真正对你有好处的事在你离开它之后才能感觉到真实的含义。衡中让我的生活轨迹从此改变，收获的成熟也是我的成人礼。在后来的大学生活中，衡中给我的痕迹不会改变，我也会沿着这条路一直走下去。

希望你们的大学生活一切顺利，祝学弟学妹高考大捷！

不忘赤子之心，永葆衡中本色

刘通，天津大学电气工程及其自动化专业

坐在古朴却韵味十足的图书馆中，回忆像落叶一样纷纷飞舞起来，让我有些措手不及，又感到了一种久违的亲切感。不知不觉，仿佛一切都如昨日，一切刚刚过去。

现在想想还真是造化弄人啊，多年前我依旧在那坐满 70 多人的教室中奋笔疾书，谁知道当时是怀着怎样的心情来展望未来的。我记得老师说过，感情最深的不一定是跟你一起欢笑的，而是跟你一起摸爬滚打过的、一起洒过血与汗的战友。而我的 410，不就恰恰见证了我们在一起的羁绊吗？

记得暑假的时候翻看自己高中三年写下的日志，还真是感触颇多。那时是那样的单纯、天真，天真到让人怜惜。虽然翻腾历史是让我这个理科生很胃疼的事情，但是不得不说，410 已经占据了我的高中记忆。

战场 · 衡中

不得不承认，我是一个幸运的孩子，我就是王老师在数奥组少一人的情况下选的那个普通班的小男孩。谢谢王老师给了我这个一生都难得的机会让我进入了 410，让我有幸成为其中的一员。同时，我明白对于机会要有所追求却也不必强求，最重要的还是不能丢了自己。

清晰记得大家在第一天的自我介绍中出口率最高的一句话就是“我也是被骗进来的”，或许是一个玩笑，或许就是命中注定，注定你我与 410 的羁绊。现在回想起来，那时的日子真是单纯，单纯到只可以用白色来描绘。

有一种友谊，拥有时不会在意，不在身边时又会追忆。每每想到那些年我们一起度过的点点滴滴的小事，自己都会偷偷地笑起来。每一片碎片，当捡拾起来的时候感觉总是那么温馨。话归正题，我觉得高考其实是一种历练，磨砺一个人的内心，让你在无限绝望中逢生，在无限阴暗中寻找光明，直至苦尽甘来。高考又是一道坎，当内心饱受煎熬，最终越过了那道坎之后，一切也就水到渠成，不管最后的结果是好是坏都是自己应该得到的。命运不会一帆风顺，也不会让人走投无路，只要不放弃总会看到希望。这也算是我高中三年磕磕绊绊后的一种感受吧。不畏惧困难，生活总是因为这些磕磕绊绊才更有韵味。

现在已经离高三那么那么的遥远，却好想好想那段真实的天蓝色的日子：曾经师傅在数奥教室黑板上写下“离天堂最近的地方”；曾经在暑假一起玩泥巴，一起抓蜗牛；曾经很满足地吃着一碗凉拌面；曾经在下过雪的操场上写上大大的“410”；曾经一起堆雪人，一起打雪仗；曾经传着班级日志，乐此不疲；曾经一起在培训时偷偷地跑出去买东西，偷偷地去打球、去聚餐；曾经为一点小小的违纪懊恼、反思……真实而琐碎的片段，总是能激荡起心中的涟漪。一切都如昨日，一切刚刚过去。

前线・天大

步入大学一个多月后，感触还是相当的鲜明。第一天，是那样的懵懂、无知，虽然适应环境还是蛮快的，不过还是喜欢独来独往。

在一个新的环境里，只有放下高傲，坦诚地多问、勇敢地尝试才能以最快的速度适应生活带给你的巨大改变。大学带给我的，更多的是前所未有的冲击。南方与北方的差异在冲击下格外的分明，东北孩子的豪爽，华北孩子的拘谨，南方孩子的开放……在不同的性格的碰撞中体会不一样的生活方式，不过，唯一不变的是坦诚。

在异地他乡，能碰上另一个衡中的孩子会感到分外的亲切，比如说我们有小雷、兆哥、赵进、班长、凡姐。虽然我不知道怎么表达，但是，我觉得在天大能跟他们在一起感觉好棒，就算是一个人的时候比较多，但看看手机电话本上他们的名字就不会感到孤单。因为我相信，我们的羁绊不会因为时间的冲刷而褪色。

初入大学，大学生活对我来说是那么神奇，充满未知，但是我却喜欢自己慢慢地摸索，喜欢那种经历的过程。记得有个单位提供新生适应性培训，给我打电话时，我拒绝了。我的理由很简单，大学，我想自己“活”，或者说，我想活出一个自己。也许是时候选择一条自己的路了，是该活出自己的样子来了。大概这就是青春的悸动吧，用五月天的一首歌的歌名来说就是《有些事现在不做，一辈子都不会做了》，用李宇春的一首歌的歌名来说就是《再不疯狂我们就老了》。哪怕只听任自己的思想会做出很多错事，会无路可走，但我也是那么地想去试试。

最后，我想对学弟学妹们说一句，“好好珍惜高中的生活吧，那是最单纯的、最无所忌惮的岁月”。高中的我们可以什么都不知道、什么都不懂，只要快快乐乐就行。再就是珍惜自己的梦想，不要轻言放弃，梦想永远是最美丽的、最神圣的。还有，珍惜身边的朋友，珍惜讲台上、办公室中的老师，这些人是除了亲人外最关心你们的人，从他们那里能得到你们以后可能再不会得到的东西。总之一句话，好好珍惜。

略略地读了一下自己所写的，发现不能算是一篇文章，只能算是一种感受，没有结构，没有形状。曾有人说我太天真了，总是把事情想得过于简单，但不知道为什么我就是想这样单纯地走下去，不会后悔，不会回头——我永远都怀着那颗赤子之心来面对这个世界，哪怕世界会欺骗我。

奥赛联考就像小高考，经历过才知道这群人是最近的

张异凡，天津大学电子科学与技术（固体电子与微电子）专业

得到信妈的通知，《那些花儿》要出版了，作为《花开的声音》的续集，我对这本书充满期待。2012 年 6 月 8 日高考结束，我彻底踏出了衡中的大门，带着那些在衡中时或欢快或悲伤的记忆，朝着人生的又一段旅程前进。在衡中的 3 年里，我失去了很多，但同时也得到了很多，这些记忆都将是我以后人生的一笔财富。

从第一次踏进衡中的校园，我就开始对衡中这个神一样的地方充满了幻想和期待。走在学校的甬路上，眺望着四周的景象，我心里充满欣喜和激动。还记得在军训时我们那个很帅的教官，虽然经常严厉地要求我们站军姿走正步，但还是在级部主任不注意的时候让我们开一会儿小差。还有那个头特别大的班主任，每次在查宿舍的时候，宿舍的那一扇小小的窗户总会被他的头盖上。我们的政治老师是一个非常漂亮非常可爱的女教师，我们总会在政治课上偷偷地在底下写一些数学、英语作业什么的，然后在老师来的时候再用政治课本盖上。这种游戏一直持续到了文理分班。

因为我做了一个非常正确的决定，所以我就被分到了 410 这个神一样的班级，所以就有了《花开的声音》和现在的《那些花儿》。相信读过《花开的声音》的同学们都知道我们 410 是一个由数学奥赛生、生物奥赛生、信息奥赛生组成的精彩的“大杂烩”，由衡中非常著名非常厉害的信金焕老师担任我们这个非常厉害的班级的班主任。可惜的是，分班不久后我们的信老师就因公出差了，群龙无首，级部的违纪通知单上出现了我们的名字，当然免不了信老师回来之后的一顿骂。

介绍一下我们班的主要领导：班长大人姓刘名克嘉，毕业后成为班长夫人的樊婷婷……还有“猥琐”的团支书尤龙、数奥的领导者小熊同学、生奥的领导者董傲同学、信奥的领导者无……剩下的你们自己去看《花开的声音》吧。我在班

里面就是个打酱油的，平时做人非常低调，但我在学校也是个没有被记大过的好同学，这全都归功于信老师英明的领导，还有我们班委会强大的“关系”网。

刚分班不久，我们就进行了人生的第一次远足。那时夏天的暑热还没有过去，我们顶着炎炎的烈日跋涉在通往衡水湖的羊肠小道上，给人一种衡水湖怎么那么远的感觉。我们回来的时候，全班唱着班歌，直到学校的后门。完成了这段神圣但是折磨人的旅程，回来后我的脚就起泡了，算是这次远足留给我的纪念吧。

我们 410 是一个非常和谐的班集体，学校里有什么活动我们都是“倾巢出动，无一落网”。还记得在中秋节的时候，信老师为全班同学带来了月饼。那时我们 71 个人全体从四楼冲到了操场那一片草地上，对着那轮圆圆的月亮舞文弄墨，吃月饼。我们班的才子轩然兄即兴吟诗一首。那时我真的觉得李白弱爆了。还有我们班长唱的那首《月半弯》，虽然至今我都没有听到原版，但当时的歌声一直印在我的心里。

我是数学奥赛组的一员，数学奥赛是一个非常神秘非常深奥非常……的学科。我们这个学科里面当然会有很多神人，比如说小熊同学，还有我师傅李艺超，我们若干人组成了衡中的数学奥赛组。高中三年的时间中，有两年我都在奥赛和高考间奋斗着，习惯了那些一打下课铃就抱起书本往六楼跑的日子，习惯了若干人在一起上课、做题、讨论问题的日子，习惯了花一两个小时只为做出一道题的日子……现在想起来，考试前在一起集训的日子让我们的心紧紧连在了一起。奶奶（我们的数学教练员亲爱的王玉瑛老师，因其和蔼可亲而被我们亲切地称为奶奶）说过，奥赛联考就像是一个小高考，经历过才知道这群人是最近的。的确，现在我最怀念的就是那些一起学奥赛的战友。

在 410 的日子是我在衡中最怀念的日子。以前班级的同学待不到一年就分班了，我连人都来不及认全……还记得在 410 一周年生日的时候，信妈妈让我们每个人都说一句想对 410 说的话，我说“我在 410 待了一年，人都已经认全了”，当时全班一片掌声……

高中三年，我在衡中风雨动荡地生活了三年，没少哭过，当然也没少笑过。我也曾经幻想过离开衡中的生活，后来，我如愿走上了人生的第二个旅程，离开了河北，离开了衡水，当然也离开了衡中。高考像一辆急速而驰的列车，拉远了我们彼此之间的距离，让我们分散到了全国的各个城市，北京、上海、天津、香港……我们都在为了各自的将来而努力奋斗，都在按照各自的人生轨道前进。小女不才，连班里的平均分都没有达到（其实是差好多），所以“沦落”到了天大这么一个令人伤心的地方。好多同学都去了北京和上海的学校，我在天津度过4年的大学生活。

天大是一所以理科闻名的大学，和南开齐名。我觉得这两所大学的搭配非常好，比如天大攻文南开攻理，天大男女比例7∶1，南开是1∶7。换句话说，就是天大的男生可以到南开去找女朋友。天大和南开之间有一道大门，天大人管它叫天南门，南开人管它叫南天门（让我想到了蓬莱仙境，汗）。在天大有一个十分经典的谜语：天津大学和世界一流大学的距离？答：仅一墙之隔。当然，这只是开个玩笑，在我看来，这两所大学共同支撑起了天津的高等教育，不可或缺。我选择天大主要基于两个原因，一是我分数刚够，二是天津离衡水很近。我是一个非常恋家的人，所以想选择一个离家近的学校，天大正合我意。

以前总听人说上大学以后就轻松了，真的上了大学之后才觉得并非那么轻松，有好多作业要写，上课需要提前一个小时去抢座位，还有好多好多乱七八糟的事，比如社团每天都有那么多活动，会给你安排各种各样的任务，英语每个星期要在电脑上学习几个小时才行（更气人的是，居然不让带电脑，也不给网）。当然，和高中相比，大学确实轻松不少，没了5点30分震耳欲聋的起床铃声，没了早起睡眼蒙眬的跑操，没了早自习，没了下课时追着老师问问题的情形，也没了衡中的气息。大学的学习就要靠自己了，没了老师追债似的要作业，也不会查男女的“非触”了，如果不想让你的大学生活只成为谈一场（或多场）恋爱的场所就努力学习吧。

其实我一直很向往独自一人坐在湖边看书的情景，不为了考试，没有任何功利之心，只因为喜欢，让书页上的文字牵引我的思绪。而大学让这一切成为可能。对于我来说，大学是我一段旅程的终点，又是下一站的起点。它只是作为一个中间站，只是比别的站更大一些而已。高中时，很多很多人都在跟我说好好学习，一定要考上一个好大学。是的，对于高中的我来说，大学的确很重要，因为这关系我以后的发展，是迈向未来的第一步。但是对于上了大学的我来说，最重要的则是怎么在大学中学到有用的知识，怎么来训练自己融入社会的能力。

现在仍在衡中奋斗的学弟学妹们，你们也许会觉得衡中特别冷酷、特别无情、特别惨无人道，也许觉得衡中的教育方法特别古板，也许你们会想要属于自己的生活，但这些都不能成为你懈怠的理由。记得衡中的校长说过，“母校就是你一天骂八遍，却不允许别人骂一句的地方”。也许，只有当你们和我们一样离开衡中的时候，你们才会意识到，衡中真的给予了你们太多太多。当你们上了大学，有了各自的生活，才会发现在衡中的记忆是这一生中都无法抹去的印记，那些和同学们一起浴血奋战的日子是以后生活中最宝贵的财富。

在衡中的三年里，410 的兄弟姐妹们给了我无微不至的关心和爱护，410 的老师们给了我细心周到的引导和照顾。《花开的声音》承载着我们 410 的酸甜苦辣，记录了我们真实的衡中生活，如今，《那些花儿》也要出版了。虽然我们去了不同的大学，去了不同的地方，但是我们的心仍然在一起，在 410。在此，我要向那些一直爱着我们、一直帮助我们、一直支持我们的人说：“谢谢你们，410 也永远爱你们。”

毕业了，班未散；人别了，心还连

居春雷，华北电力大学（保定）电气工程及其自动化专业

又是一年中秋节。当我吃着月饼，抬头寻找月亮时，却又不可遏止地想起我和我的410一起度过的中秋以及一幅幅充满温暖与感动的画面。410带给我的那份温馨甜美的感觉即使在我步入大学之后回想起来还会萦绕在心间，经久不散。

还记得我刚到410时，听到同学们说得最多的一句话是“我是被骗进来的”。好多人都是稀里糊涂地进入了这个奥赛班，有无奈，有迷茫，但更多的却是希望。同学们和老师们、家长们就这样慢慢相识、渐渐熟悉，在80华里远足的时候，见到了陪我们一路走来不停给予我们支持和鼓励的昭雨爸爸；被“发配”到东区后，又遇到同样关心我们的老师们。可以说，410的每一个人都是幸运的也都是幸福的。410是一个大家庭，有“孩子”有“父母”，有欢笑有感动，有爱所以有家。

在410的日子里，给我印象最深的要数过节了，大家一起过中秋节、元宵节，这一天有月饼和元宵吃，尤其是那次老班信妈端来的一大锅元宵，现在想起来还是难以忘怀。第一个中秋节，大家坐在操场上赏月。班长起身唱《月半弯》，围坐在地上的同学们挥动着一根根“荧光棒”（香蕉），欢笑中冲淡了对家的思念却又被410的温暖包裹，感受到另一种家的温暖。第二个中秋节是在东区。当时正值数奥集训，全体数奥生被紧急召回，开了一个短暂的班会。回到教室的我们惊喜地收到了一块月饼和一张卡片。卡片是班里其他同学在紧张的复习中抽时间写的，上面是对数奥生的支持、鼓励与祝福。现在我还清楚地记得我收到的卡片上的话，同学告诉我“不要怕”“不要悔”，告诉我他们自己的奥赛学习的心得与体会（让当时急躁担忧的我找到了目标，使我在接下来的训练中可以平静地看待每天的测验与成绩），同时还听到了老班和班长唱的歌。那次的中秋庆祝虽然短暂，却充满了温馨与感动。

在410，学会了记班级日志。那个倾注了我们每一个人心血的本子，在传递

中记录下 410 的点点滴滴。

在 410，学会了一首叫《起头》的歌。这首歌在一遍遍的传唱中支持我们走完远足最艰难的后半段。

在 410，喜欢上了幻灯片。“每周之星”的幻灯片让我们发现班里各种“星”的亮点，而每一个人在生日那天准时收到的生日幻灯片对于我们来说则是最好的生日礼物。

在 410，往往是在不经意间便会感动。可能是生病时的问候，可能是失利时的鼓励，也可能是生日时的一句祝福。每一声欢笑都难以忘记，每一份关怀我都铭记心中。这是人生中最宝贵的财富。

后来在大学，没有了跑操、晨读，但我每天早晨都会去上自习。和一两个室友找一个没人的教室大声读英语，总是读着读着就感觉少了点什么。后来发现，少的是全班同学向着同一个目标努力的氛围。听着空荡荡的自习室的回声时，我总会想起那些在 410 一起奋斗的日子，大家坐在教室里，对照着黑板上的任务大声地晨读。同样地，晚上在大学操场上跑步时，也会回想起 410 全体同学在一起跑步，喊着“四一零，巨龙腾。夺第一，气如虹”的口号，气势便会油然而生。那些是真正简单而又充实的生活。大学生活很美好也很无奈，有太多的东西要去学，不只在学习上，有时甚至要做出一些原本不想做的改变，然后去尽量适应这个社会。这让我更加想念在 410 的那些日子，可以把精力放在学习上，大家在一起简单地生活、单纯地努力，简单而又不失温暖，单纯而又不失色彩。所以每当心里躁动不安，不知道下一步该做些什么的时候，我总会看看班级日志《花开的声音》，让 410 纯净的生活平静一下内心，然后在温暖的笼罩中开始接下来的生活。

毕业了，班未散；人别了，心还连。410 的每个人无论到了天涯还是海角，都会把彼此放在心中，都还是一个集体，因为我们心中都有一个 410。

410，永恒。

花开三年，暖到落泪

徐光耀，大连理工大学工程力学（钱令希力学创新实验班）专业，提前录取

也许你们看到这个题目会有些茫然，那我先解释一下题目。

众所周知花开是青春的象征，我们在410生活了两年多，从幼稚走向了成熟，当中有悲伤有喜悦，但最后心里的感受只有暖暖的。这就是我题目的由来。

我还依稀记得刚来410时，樊婷婷等孩子说自己是被骗进410的，虽然现在想起来有些好笑，但那时的确是我们的真实写照。尽管此后学习的压力让人有点无法忍受，但最终我们还是坚持下来了。

我被分到了数学、生物、信息奥赛班，刚开始压力很大，根本处理不好奥赛和高考的关系，成绩一落千丈，但无论如何我坚持下来了。慢慢地，我学会了节约时间，学会了提高效率，成绩因此又有了提高。最终我发现优秀真的是一种习惯，当你拥有了这个习惯后你就一只脚踏入了成功的大门（尽管我是被逼迫着才形成这个习惯的）。

我从小就学习奥数，小学三年级就学习了排列组合，数学奥赛也一直是我的一个爱好，因此当奥数班招人时我就毫不犹豫地报名，并且到现在我也没有后悔——尽管表面上我是以一个失败者的身份结束我的奥赛生涯的。

高中三年奥赛培训的费用并不低，学习上，我也为此付出了高中生活至少三分之一的精力。我们参加了许许多多的培训和竞赛，组织了无数的小测，为的只是10月的那次竞赛。

最终我失败了，虽然只是表面上，抑或说是在一段特定的时间里。那时我的情绪低落了许久，成绩也滑落到了2000名，令人无奈的是，全年级只有3000人。万幸的是我并没有被失败吓倒，我选择了另一条路——高考。我将痛苦深深埋入心里，又重新开始了高考的学习。幸运的是，最终我也取得了比较理想的成绩，但比成绩更重要的，是经历那次挫折后培养的永不服输的性格。

虽然在 410 这个优秀的班级中我并不出色，甚至从某种意义上讲我是一个失败者——我仍记得子腾英语没涂卡还比我分高，我仍记得评选“每周之星”时每次都选择弃权，尽管这样，我仍深深爱着 410 这个班级，因为在这里我学会了什么是坚强，学会了什么是永不服输，学会了什么是永远向着目标前进——就算从来都没有实现过目标。

我仍很感谢师傅——那个可爱的小孩。伤心时，是他用鼓励的话将我带出深渊；兴奋时，是他用冷静的话让我不再疯狂地激动。也许在别人眼里他比较古板，甚至有些怪异，但是在我心中他永远是我的师傅。

还有我们难忘的宿舍。策哥是一个正直的好男人，二哥是一个“呆板”的老男人（想到这里我的心中就充满了欢乐），冀浩是一个单纯的无邪小孩，还有董傲、张弛、常宇。仍然记得宿舍违纪后我们争着受罚，仍然记得“每周之星”出在我们宿舍时大家挖空心思给他写颁奖词，仍然记得体育课上我们一起打球——跟他们在一起的每一分钟都那么快乐。

当我怀揣着梦想，迈进大连理工的校门，再次起步，曾经的懵懂少年已经成为一个大学生。初入校园，我大吃一惊，因为我发现了太多的不同：在衡中我们早晨 5 点 30 分起床，吃饭只用 10 分钟，晚上 10 点钟睡觉，只是为了第二天有一个好的状态；可是大学有的人早上赖床已经成了习惯，宁愿不吃早饭也要多睡一会儿，晚上又熬到半夜才睡，作息混乱，每天的精神也不好。我多么怀念高中的时光啊。

我所在的是钱令希力学创新实验班，我们班的主要目标是培养力学方面的人才。也许我并不是天才，但我会向着那个方向努力！

青春不因时光的流逝而消失，理想让它持久保鲜

李策，哈尔滨工业大学电气工程及其自动化专业

时间如同流动的细沙，越是想抓住它，越是从我们的指间溜走。不知不觉，那激情燃烧的岁月悄然化作千丝万缕的回忆。

衡中，我想对你说

当我步入大学校园，最值得一晒的便是大家对我“衡中人”身份的反应——有人惊呼，有人直接夸张地说衡中的学生都是非人类，还有那很潮的“给跪了”。当然也有很犀利的批判，甚至说“你应该把它当成是一种耻辱”。其实，褒也好，贬也罢，都没有所谓的对错可言。评价一个学校，并不在于有多高的升学率，有多少知名校友，而在于让学生重新选择时结果依旧。

衡中，我想对你说：“谢谢你，你让我明白什么是谦逊。”

清楚地记得刚刚进入衡中时，收获的除了对新生活的渴望，便是一次又一次无情的打击。面对高手如云，我不得不接受悲惨的现实，只能对那颗孤傲的少年的心说：“对不起，我再也不是那个曾经叱咤风云的我了。”然而，这对于一个踏上征途的远征者未必是坏事。高一，让我学会谦逊。

衡中，我想对你说：“谢谢你，你慷慨地教导我要自知。”

禁不住保送的诱惑，没有真正审视自己的我，武断地选择了奥赛。虽然时至今日我对于这个决定没有一丝悔恨，但是我必须承认当年的我没有自知之明。知己知彼，方能百战不殆，而我呢？我相信，对于我的一生，自知才是最大的收获。

衡中，我想对你说：“谢谢你，你给了我一次成长的机会。”

一生中最难忘的日子莫过于高三和战友一起拼搏的时光。那个时候的我们，白天在题海中徜徉，夜间在梦乡里和难题幽会。在追梦的路上，我们累到不觉得累，唯一的排遣方式便是那充满豪情的咆哮。曾经沧海难为水，我们相信高考之

后，无论遇到什么风浪，我们都不会颤抖，因为我们长大了。

我的大学

大学是我的，对，这是我的大学！

大学是一片自由的天空，这里没有束缚我们的枷锁，可同样需要我们勇敢地独自面对生活中的风风雨雨。

似乎在人们的认知中大学就等同于轻松加快乐，对此我不敢苟同。我希望现在仍然为自己的梦想奋斗的英雄们坚定你们的步伐，大学需要你们亲自体验。

我不希望我的一孔之见让某些人的信念动摇，但是我可以承诺：大学给你的是任何事物都无法取代的，这是你的大学，对，大学是你的！

微尘的祈愿

我愿做一粒微尘，虽然世界不会因我而改变，但我始终在为你虔诚地祈愿。亲爱的学弟学妹们，你们从来都不是孤军奋战，因为你们的背后有无数双手在为你们鼓掌。

青春不会因为时光的流逝而消失，真正让它失去生机的是被我们遗忘的理想。在距离高考仅有 8 个月时，我的成绩达到了历史最低点，但我没有时间犹豫，每天在脑海中无数次地闪过那个美丽的梦，于是九次考试九次进步让我重新对高考充满了渴望。所以，在我们选择了属于自己的路后要坚定地走完它。

有时候低下高傲的头颅走别人走过的路是一种智慧。老师是一个只能用良知来衡量的职业，衡中的老师更是这样，所以我们要相信自己的老师，不要固执地走自己认为正确的路。听老师的话，他们会让你在最短的时间到达目的地。

学会苦中作乐，即使成功了，过程也不需回首。我们对待事物的态度很重要，就像半瓶水，瓶子是空的还是满的结果是不一样的，真的。

可爱的弟弟妹妹们，还有好多话想和你们说，那就等到大学时再促膝长谈吧。祝你们在收获的季节里五谷丰登，收获应该得到的喜悦！

45° 的嘴角，那些花儿的微笑

白轩然，上海交通大学电气信息专业，保送（奥赛省一等奖）

秋风里的校园陡然变得宁静，昨日的人群还在喧嚣，倏忽只剩自习室桌椅上跳跃的阳光，还有校园咖啡屋里飘出的浓香，明媚到忧伤，温馨中莫名的失落……我讨厌散场，可命运偏偏不许。

410 的一句征文召唤，于静好的时光中投起一阵涟漪，恍惚的记忆浮出脑海，往昔的种种一点点没过我无谓的感伤，温馨的羽衣将我完全包裹，小小的天地里满满的全是幸福。“410”，这 3 个数字永远是那么治愈。

2009 年 12 月 8 日，缘分将 71 个孩子的人生缠绕在了一起，用灵巧的手指编织出了最美的符结。每一处的勾勒，都藏着说不尽的故事；每一节的编织，都饱含言不清的情感。天真无邪的笑脸，那是陪我走过青春的人；真挚纯粹的话语，那是我青春永远的归属……

那些年，欢乐时有你的歌声。生日祝福的 PPT 上写满祝福的话语，全班齐唱的生日歌荡漾着温馨，没有 cake 的生日也可以很甜美；“每周之星”的颁奖词一字一句真诚的赞许，全班认同的掌声鼓动了青春，没有 prize 的颁奖也可以很盛大；80 华里一路的歌声，沙哑而又不肯停歇的喉咙，疲惫而又不愿停下的脚步，两路纵队的行军只因有“狼鹰家族”的旗帜在前！衡水湖畔开心的小野餐，自由随性的拍照，再加 ZJ 一曲《北国之春》，欢乐有你就是这么简单；放假时，附楼宿舍是自成天地幸福的小日子，吃货们嘴里塞得满满的爬上床铺，不回家的孩子卧谈到深夜，在天南海北的胡侃中慢慢睡去；一个宿舍的兄弟，共同生活的情谊，“单凭这个，我就敢在你生命里闹腾一辈子”是调侃也是真心。

那些年，流泪时有你的肩膀。每一次考砸，痛苦地把头埋下，面对惨淡的分数，泪水不争气地流下，只要有你在一边静静地陪伴，就是对我最大的安慰；每一次量化变差，全班反思的沉寂，没有掩饰的懊悔，班长鞠躬的一瞬，每个人的眼中噙满泪水，只要我们在一起，第一就是410的代名词；每一次想家，心情变得很差，同桌的一张小字条，舍友的一句问候，410就是一个大家庭，温暖着每一个人。我们经历过很多失败，眼泪曾浸湿枕头，歌声也曾变得哽咽，可我们不孤单，兄弟的肩膀永远支撑着你我。那些泪珠，滴落花儿的脸颊，在阳光下熠熠生辉，那晶莹是青春的闪光。

那些年，拼搏时有你的陪伴。我们因为奥赛而结缘，在奥赛之路上一同前行。北京、天津的培训，一张饭卡便是两个人的生活，南开礼堂我们一同听讲；假期提前返校，偌大校园被一群人的欢乐惊醒，格物楼里我们一同刷题；小小的出格，都被奶奶宽容；独特的学习，是我们的专属。最喜欢却也最头疼的奥赛，在自认为没有能力想要放弃时是希浩给我鼓励，约定一起走到最后；考完面对白得刺眼的卷子快要崩溃时和艺超头顶头说话，那坚毅果敢的眼神让我坚强。忘不了君卓柴每一粒的糖果都很甜，瞬间可以融化所有的哀伤；忘不了每一次XST的撒欢卖萌，兴奋地告诉我他发现的奇妙定理；忘不了博阳的笑脸，在低沉时带给全组自信的阳光；忘不了同同安静的沉思，和他在一起总是很踏实。博阳、希浩、君卓柴、XST、同同，我们5个人是一组的，一起走过两年奥赛的风雨，一起欢乐和悲伤，一起迷茫和奋斗。奥赛虽终，但我们永远是一组的……时至今日，我仍旧认为自己是适合奥赛的。如果上天让我重新选择，倘若还是你们，我还愿选择奥赛、选择410。

3年的时光转瞬即逝，我们一起走到高中和大学的路口，回望走过的路，或坎坷或平坦，都有71个人或深或浅的脚印。又一次散场，大家踏上天南海北的火车，继续着自己的追梦之路。当我踏上上海的土地，我说的是“我回来了”。我又一次回到了这片土地，这片父辈耕耘梦想的土地，这片儿时玩耍的土地。这一次，我准备好了，我准备把梦想扎根于此。大学在高中生的想象中可能是年华的自由港、青春的游乐场，所以3年的苦战也值得为之一搏。然而事实并非如此，大学校园里脚步依旧匆匆，节奏依旧紧张：思源湖边，清晨6点便有背单词的声音响起；教室课堂，早早就有书本摆在前排；图书馆里，永远都是座无虚席，求知气氛安静肃穆；自习教室，灯火通明直至深夜……追梦的路上没有人停歇，所有人的脚尖都指向梦想的方向。我为我是衡中人而格外骄傲，因为衡中，追求卓越的精神刻入了骨髓；因为衡中，高效严谨的作风已成习惯；因为衡中，我可以走得更远……

黄浦江上的邮轮载着无数的梦想，弄堂的角落里也有生活，教堂的钟声奏响对这个世界的礼赞，渔舟上的笛箫呜咽着艰辛。魔都是个害人的地方，也是个奇迹的土地，无数的梦想在这里盛开和枯萎，无数的奇迹在这里绽放和陨落。而我已决心种植梦想于此，不怕枯萎与陨落，只求盛开和绽放。我朝着自己的梦想，没有迷茫，没有彷徨。或许它不伟大，也不高远，可即使整个世界都嘲笑我，我也想要实现它。再卑微的梦想，只要足够虔诚，也可以感动世界，我会为之前行，直至永远。

走出咖啡馆，草坪上扬起了风，闵行的云变得不安分了，45° 仰望天空，在心里许下一份祝福，给散落各地的你们。离开了 410 的我还是会莫名地忧伤，但有记忆里 70 位天使的陪伴，没有翅膀的我，嘴角也可以扬起微笑，温暖又明亮……

知道自己喜欢和想做什么，跟着自己的心走而不是跟着别人走

王翠薇，上海交通大学数学与应用数学专业，保送（奥赛省一等奖）

一年前，我和你一样恨衡中；一年后，你和我一样爱衡中。

“和衡中比，我们那里简直就是天堂，这才知道原来我们那么幸福啊。”

“那你们上了大学就像到了天堂吧？”

……

每次听到诸如此类的玩笑，我都会笑笑说：“你们不懂，衡中，才是真正意义上的天堂。”

他们永远理解不了，一群为梦想而活的疯子，是怎样沉浸在自己的世界中；他们永远理解不了，一群奥赛的孩子，是怎样在黑暗中齐唱数遍《倔强》，唱到所有人泪流满面；他们永远理解不了，竞选“学星”时令镯对奥赛生的阐释，让在场所有奥赛生情动之余掌声雷动……

410 的兄弟姐妹们，谢谢你们。那些并肩作战的日子，斗志昂扬的我们，为了我们的信仰，为了我们两年来的心血，疯狂着……

师傅，虽然从没对你说过感激的话，但最感激的还是你。这个方法那个理论的，有时候我都不愿听了，你还说啊说的……当时我很崩溃，现在想想，还挺怀念的……你确实很照顾我。谢谢了。

超哥，不管跟你讨论奥赛还是对你诉说我的纠结，你都让人很平静，让人很淡定。绝对的朋友，什么都不说了。其实，你有时候很可爱的，你知道吗。呵呵。还有你妹妹，大清早叫醒你就为了问问你困不困的笑话让我很快乐。

博阳，谢谢你一直的关心，跟你说话很温暖，有你这个朋友，挺值的。你的三角功力实在让我佩服……

阿腾，还记得咱们 3 个讨论组合题的那次，你超可爱哦，小动作好多……嗯，也许大师就是不拘小节的。嘻嘻。

还有我徒弟(是谁谁知道啊，不许耍赖)。有时候跟某些人斗斗嘴，仅供娱乐嘛，还算开心……

点点滴滴，我把每个人都记在心里了。信妈，奶奶，宝英姐，小苏……我们都飞走了，你们还在那里，引渡一届又一届的孩子们，怀念你们的微笑、严肃，甚至嗔怪……410的花儿们，以伟大的410之名，我们会走得很远很远，延续我410辉煌。

记忆中的衡中三年，那种成长与收获，我们都刻骨铭心。

大学每次自我介绍，我说来自衡水中学时都有一种由衷的自豪，不只是为了超级中学的威名，更是因为我们一路走过的艰辛与感动。学联面试时竟遇到衡中学长，于是面试内容变成了我俩对衡中生活的交流。他问我："你觉得衡中对你最大的限制是什么，让你最大的收获是什么？"我回答得毫不犹豫："衡中给我最大的限制就是对我性格的禁锢，它让我不能展现最真实的内心情感，很压抑。但是我毫不后悔把我最青春的时光留给了衡中，因为在衡中三年的历练让我学会了坚强、不服输与坚持，这种品质真的让我觉得做一名衡中人好自豪好自豪。"当时的我提起衡中竟然有种莫名的感动，感动到想哭。面试完，学长给了我一个满意的微笑，我礼貌地笑了笑走出去。我想，这就是衡中人共同的骄傲与感动吧。

其实，刚进入大学那会儿我每天都在回忆、怀念衡中，真心地体会到了那句"失去了、离开了才知道珍惜"。我会不自觉地把交大与衡中比较，尽管大学和中学是完全不同的两种生活，但生活的感觉总是会让人有无尽的感叹。我怀念那忙碌到让自己感动到落泪的每一天，我记得那段"闭关"的日子，每天从睁眼到闭眼都是奥数，从一试题海的"步步惊心"到二试思路的惊为天成……每天起床后，在一群背语文、英语的人中，端着奥数书的我们是那么的另类却又那么的幸福——在特殊的日子，做着属于我们的事。还记得那时的耳语呢喃，那时的头脑风暴，那时为了题目争得面红耳赤，现在回想起来都是那么的感动与难忘。还记得那时写过的誓言："终于有种能为自己的未来做点什么的真实感了。"其实我们的每一天都是这样，不管是奥赛生还是普通的高考生，只是有时候过程太过漫长，眼前的失意与痛苦让你忘记了是在向自己的目标一步步靠近着，是在为自己的未来积累着幸福。学弟学妹们，有时候这种话听起来很空，又或者你们听过无数遍，但是等你们真正体会过就会发现这些话是多么朴实，一句句都说进了心里。我高一时连续四次成绩退步，从一开始的年级前十几名到后来的400多名，内心的无助、对自己的怀疑真的让我想过放弃。每个人的成长都要经过这样的纠结，只有在这种情况下的坚持才会让人感动，那是怎样的一种坚强啊！其实生活在衡中真的有一种别样的幸福，有关系超好的朋友，陪你哭陪你笑；有严厉却很有爱的老师，而我们也像个孩子一样称她（他）们为“妈妈”和“哥”。记得成人礼时那一片红红的礼帽，记得老师微笑着为我们戴上成人帽的温馨瞬间，记得教室里被抹上蛋糕的一张张笑脸，这都是我们的成长记忆。记得高三后期我们在一次次的成功与失败中学会微笑，记得离高考仅剩一周时的班会上我们关上所有的灯在一片漆黑中回顾自己的努力，那时的我想着自己四次模拟考试的起伏，想着这段时间拼了命的努力，想着班主任对我的一次次鼓励，想着保送同学给我的祝福……我哭了，不是脆弱，不是无助，而是真心努力后的满足与感动，是背后有那么多人支持与关心的幸福，是不再害怕高考而是微笑淡定迎接的坦然与自信。这种感觉我一辈子都不会忘记，这段时光回忆起来很苦但很温暖。我是个不太自信的人，即使考到年级前10名也会把它归为偶然，我一直觉得自己实力并不强。高考的自主复习阶段，班主任在早预备时把我叫出去谈话，一向严肃的她带着大大的笑容完成了这次谈话。我记得她说的每一句话，她说“你是一个有爆发力的孩子。不要多想，调整好状态你一定没问题的，说不定还能考出个状元来呢”，然后她竟然像个孩子一样握紧双手举到胸前，笑着说：“加油！加油！”转身回教室的那一刹那，我觉得有一种温暖和力量在我的心中涌动，这就是衡中带给我的感动与力量。高考那天我们吃着贴着“高考必胜”字样的蛋糕，拿着老班亲自煮的热乎乎的鸡蛋，开玩笑说：“今天考数学，我要拿一个椭圆形的蛋糕，说不定解析几何就能轻松搞定呢。”

——这是一个奥赛失利的高考生的心路历程，放在这里，也许对大多数学生来说有一定的借鉴意义。

学弟学妹们，珍惜你们在衡中的日子吧，因为我们不知道，离开衡中我们还能在哪里再为我们的梦想那么疯狂一次。

在大学，我也加入了组织和社团，学生会、团委，这是大学不可或缺的部分。

还有模拟联合国、金融联合会……有人觉得我参加的东西都好无聊啊，但是，人各有志，自己喜欢就好。因此这是我给你们的第一条建议——知道自己喜欢和想做什么，跟着自己的心走，而不是跟着别人走。交大闵行区很大，骑自行车绕一圈累得腿疼了一天。门很美，湖很美，图书馆很美，但是，我知道，所谓大学，不在于大楼，而在于大师。我在数学系，我在交大数学系，我在交大数学系普通班，如此，我知道我的学习任务是数学与英语。还有，我想学的是心理学。当寝室里其他人都是 6 点 30 分起床的时候，你要坚持下来每天 6 点起床去湖边读英语；当别人都满足于完成教授留的作业时，你不但完成好还要有计划地自学自己想学的该学的课程；当选课时大家都争那些所谓的大水课、高分课时，你知道你要坚定地选心理学，因为它带给你的不仅是那两三个学分。这是我给你们的第二条建议——有目标，有行动，有毅力。十一长假，可能很多人都没做学习计划，通常有人一招呼就去玩了。大家都在“赶场子”。当我玩够了，惭愧地想起堆了一星期的数学作业还没做时，想约学姐辅导，结果学姐说自己每天都在图书馆，可以随时去找她。话说到这里，我想我不用多说什么了。这是我给你们的第三条建议——当你忍不住尽兴娱乐时，想想永远有人在不知疲倦地学习。你以为你玩够了想学习一下，就比那些根本想不起来的人强很多吗？学习是无止境的。其实也不需要一直进行苦行僧式的学习，外出走走看看，世事洞明皆学问，人情练达即文章。但你真的要知道，离开这所大学之时，你至少要对得起这里的图书馆。

看昨天的我们走远了，
在命运广场中央等待，
那模糊的肩膀，
越奔跑越渺小。
曾经并肩往前的伙伴，
在举杯祝福后都走散，
只是那个夜晚，
我深深地都留藏在心坎。

长大以后，我只能奔跑，
我多害怕，黑暗中跌倒。
明天你好，含着泪微笑，
越美好，越害怕得到。
每一次哭，又笑着奔跑，
一边失去，一边在寻找。
明天你好，声音多渺小，
却提醒我，勇敢是什么。

当我朝着反方向走去，
在楼梯的角落找勇气，
抖着肩膀哭泣，
问自己在哪里。
曾经并肩往前的伙伴，
沉默着懂得我的委屈，
时间它总说谎，
我从不曾失去那些肩膀。

长大以后，我只能奔跑，
我多害怕，黑暗中跌倒。
明天你好，含着泪微笑，
越美好，越害怕得到。
每一次哭，又笑着奔跑，
一边失去，一边在寻找。
明天你好，声音多渺小，
却提醒我，勇敢是什么。

开到荼靡花事了

韩笑，上海交通大学经济学类专业，加分（奥赛省一等奖）

岁月其实就是不断地把我们一个一个地分开来，直到某一刻惊觉，才发现，近到它冰凉的气息扑面而来，热泪遮住了双眸。毕业是个残忍的季节，成熟不成熟的都要一同收割，一切都会在秋冬交替的刹那间随风而逝，唯有那一泓鲜亮山溪般的记忆永远在我心中哗哗流动……我们的生命，就是以不断出发的姿势得到重生，为某些只有自己才能感知的来自内心的召唤，走在路上无法停息。

该以怎样的方式开场，又该以怎样的方式落幕？我爱你们，很爱很爱……那年中秋节，圆月皎皎，71 个人围坐在中秋月下，开心，欢笑，好像永远都不会分开一样。流年逝，盛夏到。时光荏苒，多少的落寞和苍茫、眼前掠过的身影总会过目不忘。记忆就像掌心里的水，流逝的时间总有一天会从指缝间溜得干干净净。但我们只要紧紧抓住，不放手，哪怕是一滴水也是一份美的记忆。

谁说过，飘零的可以是花，但绝不是春天。某些时刻，突然地想要落泪，不是因为遇到了久别重逢的人，而是遇到了曾经的自己。

"只是这段时间里尤其在夜里，还是会想起难忘的事情。"谁的青春不曾勇敢过、伤心过、失望过、幸福过。如果你读过《花开的声音》，那你是否也会跟着我们的青春重温自己的青春，跟着我们的脚步重走自己的脚步，跟着我们的悸动重温自己的悸动，然后莫名地哭了，甚至不知道为了自己还是别人。你是否还记得，那些青春的脸庞在每一次培训、集训、课堂上曾经闪动的一道明媚。那抹神采，你是否也会怀念着，甚至为了它心疼？我很爱高中的经历，我喜欢这段充满爱与苦难的路程，经历了奥赛考试、保送考试、自主招生考试、高考，这些丰富的阅历也许是上帝给我们的一次磨炼。当你经历每一次挣扎、每一次煎熬或者每一次幸福、每一次悸动的时候，你清醒地明白你的路该怎样走。是那些坚定，让我有勇气骄傲地走下去……

上海交大是一所带给我无数惊喜自豪和震撼的大学，我爱学校。交大慢慢地改变我，我开始尝试完全不一样的生活，挑战完全不一样的自己。我也喜欢上海这座城，一座西化的城、繁华的城，完全褪去了北方城市的气息与色彩，很开放，很自由，很先进，很都市，完完整整地改变一个人的气质性格，与北方的各种规则、标准完全不一样的氛围与人文环境……甚至让我觉得，这是上帝给我的幸福。他对我说："丫头，你的过去已经过去了；丫头，尝试一些新东西；丫头，我不让你一辈子在那个地方了，我要给你一些不一样的，我要让你接触新鲜、接触未来。"他对我说："丫头，你受过的苦不是不值得，我只是想给你更好的，更适合你的。"

其实你我拥有的都是这样的淡淡的青春，没有兵荒马乱，没有动荡不安，没有生离死别，不外乎像故事里的人物一样，遇到这些人，经历这些事，走过同样的年月，错过了同样该错过的人……所以，亲爱的学弟学妹们，大学是你唯一可以自由地去"青春"的时光，而高中是你必须奋斗的地方。

亲爱的 410，犹记年少月色长，而你们是我路过的倾城时光。天涯海角，唯愿君安。

没有遗憾的高中不完美

刘志广，上海交通大学机械类专业

其实，失败往往比成功更易在记忆中留存，更难忘却，也更不应该忘却。

我想从高中数学联赛结束时说起。数学联赛结束了，我觉得发挥得不错，但内心总有一丝不安，最终这丝不安成真。我永远也忘不了奶奶向我告知“省一名单发过来了，没有你”这一消息时，我那种想哭的冲动。但我没有哭，只是悄悄回到教室，呆呆地坐了一节课，什么也没听进去。省一不是 everything，但省二是 nothing！我渴望省一甚于假期，甚于高额的培训费，甚于一个月集训耽误的课程，但我没有换回那个省一，永远也不可能拥有了。

自主招生是另一条出路，我报考了 3A，而我只报考了 3A；我报考了清华，而我只报考了清华。与数学联赛一样，我投入了假期的日子与非假期的日子，我竟在课上看 3A 的辅导书，我竟逃课写介绍信。与数学联赛一样，除了去石家庄旅游一圈，我什么也没得到。我得知分数时是在宿舍，当时午饭都没吃就跑回来打电话，听到电话那头的声调就知道了结果，没心思问细节，满口“没事”把电话挂掉后，忍不住对着宿舍的床猛踢，把刚回宿舍的哥们吓了一跳。

高考成了唯一的出路，没有加分的我好似拿着木棍与拿着大刀的人 PK，不敢懈怠，因为我毫无依托。貌似考过几次前 30 名，但模考的惨状谁受得了？先是从前 100 名滑出，安慰自己这是偶然，接着便是毫无征兆地考了 500 多名，让我的心脏一下子过载了。此时距高考仅一个月，我考虑了一下退路——应该可以上河北师大，于是稍稍安心，继续调整心态。

生命不息，失败不止，高三一年几乎每天都在攒人品，但它没在高考时爆发。高考真心是一次平淡无奇的成绩，确实是平时成绩的平均数，于是我就进了平淡无奇的上海交大，不值得庆幸，也没什么太大的遗憾。我一直惊讶我的高中就如此结束，当然我没勇气再来一年。

衡中的名声很大，在上海也是。看着那些不知内情对衡中膜拜的眼神，我在想衡中给了我什么。是一次次的失败吗？不，是一次次拼搏后迎来的失败，这样的失败才能给人历练，才能让人成长，才能让人明白“付出”是“回报”的必要条件。其实衡中给我最宝贵的是享受拼搏的过程与纯洁的友谊，每个人都知道与自己同处一间教室的人将成为自己的对手，而每个人都不计回报地分享自己所知的一切。记得最后自由复习的几天里，每个人既是学生又是老师，一个奇妙的解法会迅速让教室里的每个人了解到。

总有人问衡中是不是管得很变态，是不是严得要死。很严吗？我也时常考虑这个问题，但越发感觉不到衡中的严格。也许是时间久了，但我丝毫不记得衡中人的痛苦，也可能是习惯了，衡中的每个人总是面带微笑。也许 5 点 30 分起床真的很早，也许卷子真的很多，也许吃饭时间真的很短，可只有玩笑式的抱怨，从没有抵触或罢学，因为每个人都知道自己为什么来衡中。

如果有“如果”，我会怎么办？如果有“如果”，我还会去衡中，我还会学奥赛，我还会进 410。如果可以从头再来，我仍要这样度过我的高中生涯。

交大要建国际一流大学——“现阶段只有那块草坪是国际一流的”，引自交大某老师的说法。交大的大草坪确实很大，经常有人去那里聚餐，没钱的放风筝，有钱的放遥控飞机。躺在草坪上享受着无穷的绿色，真想一辈子住在交大。

上海交大是百年名校，机动学院也要百年院庆，虽不是全国第一，但毕竟也是名校，硬件、软件都不错，除了因南北菜系的不同，稍不习惯，实在没啥缺点了。大学无非多了些实践活动，真正有用的还是成绩。什么学积分，什么 GPA，只不过是告诉学生，大学依然要努力，“衡水中学上海闵行分校”欢迎你——哈哈，就是要这么自信！从明天起，做个幸福的学霸，交大英语水平考，不求满分，只求别挂。大学很忙，但确实有不少时间可以自由支配，我在高中立下的理想没有实现，但大学完全有时间去一一实现，虽然有诸多的诱惑，但是在假期完成衡中作业的我没什么办不到。

如果说我有什么经验的话，就是不怕失败。我的初中给我的印象很淡，现在想想也许是太顺利了，好像最差也考了第 8 名，一直轻轻松松在前列，自然没什么太值得牢记的事。如果你想在未来有可回忆的片段，也许失败不是坏事，更重要的是，失败给你带来的心灵历练是成功无法比拟的。当然，你渴望成功，但不要幻想人品爆发换来成功；你想上清华，就让自己拥有考状元的实力吧！你不想来交大，就让自己拥有考全省前10名的实力吧！

一上午过去了，这篇稿也快写完了，我想对学弟学妹们说的最后一句话是："你们好多学长学姐在清华园等着你们呢，我在上海交大就不等了。"

那些年早已告诉我答案

张弛，上海交通大学机械类专业

9月，上海的风已然不再黏人，窗外的树叶在呢喃，又是一个淡淡的秋天。后来，当我走在大学校园里，看到食堂前穿梭的人群，听到自习室里笔尖和纸面的和弦，还会记起高中那挂在嘴角的微笑，一如和那些花儿在一起的那些年……

有些日子，过得有酸有甜，回味的时候仿佛味觉都发生了转换，即使是酸也会变成苦苦的甜。那些年，就是这样神奇的日子。而只有静下心来认真地想，你才会发现，那些年，真的也已经成了流年。

说到流年，不免有些煽情，好像故意在文字间放置了催泪弹。事实上，一个人说起流年时或自觉或不自觉地想到了美好的东西，因为时间就像缓缓流动的溪水洗涤着我们的记忆，而那永远忘不了放不下的片段方可谓之“流年”。

藏在流年里的故事说不完，对故事里的人的思念也道不尽。翻着厚厚的《花开的声音》，看着上面每个人不同的笔迹和突然出现的向日葵和七彩的彩虹，坐在书桌前的我却怎么也写不通畅了。我笨拙的文字在纸上歪歪仄仄地排着，努力地讲述在脑海里电影般闪现的那些年纯粹的记忆……

那些年，我们一起笑过。衡水湖畔的笑声还听得到吗？尤龙从队首跑到队尾的身影还在眼前吗？小雷和阳仔兴奋地唱着歌还记得吗？我们的班旗还在飘扬吗？“四一零，巨龙腾。夺第一，气如虹”的口号还响在衡中的上空吗？课上的小动作被拆穿，无意的搞怪却弄巧成拙，德谋哥的化学课永远不会沉闷……那些年我们的欢笑定格在每个人的心里、耳里、眼中，无论何时何地，回忆起来都是那么亲切。那些年，我们亲手将率真和坦诚的种子植入笑声中，我们都知道越纯粹的东西越会保鲜。

那些年，我们一起哭过。记得一次又一次考砸，头顶着墙，听着爸妈的安慰，握电话的手却抖个不停，泪珠从下巴滑下狠狠地砸向地面；记得班会要分析自己失误的原因，说着说着鼻子酸了、眼圈红了；记得410浮躁了，不再辉煌了，关了灯的四楼角落的教室里有我们哽咽的歌声；记得和信妈谈话时，坚强地点头，一出备课区就眼泪决堤……拾起那些年洒下的泪，请最好的裁缝，用岁月的线串起来，那是青春的珍珠。

那些年，我们一起流着血咬着牙努力过。不论这一路摸爬滚打，受了多少伤，在奥赛抑或高考的战场上身边时时刻刻都有搀着你前进的兄弟姐妹，即使他们对前路的认知也一样迷茫。就这样，我们那些年或浅或深的脚印，或踉跄或坚定的步子，始终在延伸着延伸着，直到到达鲜花和掌声等待的终点。

那些年，我们一起度过的记忆太多太多。当坐下来分享那些年我们共度的时光，就像是得到了一大把糖果的孩子的炫耀。

清楚地记得信妈在班会上说过高考是一场盛宴，无疑，信妈是对的。高中的日子就像是一束烟花，起初从地面升起，上升着，单调得只是一个亮点和划过夜空的直线。当高考成为那束烟花上升的最高点时，一切便不同了——那光亮的小球绽放成七彩的烟朵，苦苦的等待终于换来了一瞬的极致炫彩，然后飞散各处，静静地融化在夜空中消失不见了，就像是一场无与伦比的盛宴过后嘉宾们迅速地转身离去。那些年也是一样——故事里的主角有人踏上了开往天南海北的火车，有人登上了飞向香港的班机——悄然无息地画上了句号。

北京，上海，香港，杭州，武汉……那些花儿要去远航，要去另一个地方开放，但是我们始终没有忘记在衡中发芽的种子，没有忘记在衡中培植的根，也没有忘记410的花园里园丁们为我们洒下的汗与泪。而这些难以忘怀的，是最亲切的怀念，也是那些年赐予我最好的礼物。

即使在火车抵达上海的时候，我依旧相信大学是个轻松的乐园，我们在12年的苦海泅渡之后终于找到了自由的乐土。遗憾的是，这只是我们聊以自慰的谎言罢了。在食堂里，依旧是匆匆的人群；在通宵自习室里，依旧是灯火通明；在图书馆里，依旧是凝神地盯着报告、不停地敲着键盘；在教室里，上课两个小时前就会有书本整齐地排在座位上……诚然，我们可以自由地安排时间，没有级部条条框框的规定，没有令人窒息的联查。可是，亲爱的你，当你来到这里，你就会不自觉地想起衡中那有时规律到无聊的生活。原因很简单，那些年我们从衡中带走了其他人永远不会有的一种精神，或者说一种信仰。

有哲学家说过没有信仰的生活只可以称为生存，这让人头疼的深刻句子投射到我们的生活上便变得无比简约——我们都要为一个目标活着、努力着。衡中的那些年，失落过，悲伤过，自暴自弃过，重头再来过。细细想来，未曾放弃仅仅因为令人神往的未来和永远放不下的梦想。衡中，这个梦想的集散地，时时刻刻都在提醒着我们不要忘记最初的心，又在每时每刻打击着我们因小有进步而躁动的心，催促着我们追逐远方的脚步。

那些年虽然已经过去，但是依然继续……

外滩的游轮在黄浦江的江面上投下霓虹的倒影，老租界钟塔的钟声幽幽地响着，熙熙攘攘的人在南京路步行街上流动，东方明珠塔航标的灯光闪烁着……上海说不完的繁华，我在这里，会是无关紧要的注脚还是璀璨的光华？

或许，那些年早已告诉了我答案。

彼时记忆，此时光影

王雅桐，同济大学城市规划专业，自主招生

当我坐在三好坞的石凳上，听着时不时传来的鹅叫，浸透在馥郁香甜的桂花香里，想起410的那些花儿，你们在哪里啊，一定是花开正好吧……

在同济，410只有我一个人，但我常常想起你们，那些找到自己花圃的花儿。徘徊在建筑文具店，会执意买一支编号410的马克笔；奔走在南北楼之间，会在门牌410的教室前停留。于我，410已然成为一种情结。

听现在的学弟学妹讲起他们的高中生活，仿佛是另一个世界，相同的似乎仅仅是他们也做过我们在衡中做过的卷子。可是，我怎么会忘记那些不同又相似的日子。分班前的一个又一个夜晚，想象自己要是能去学奥数就好了，真的，自己要是能去学奥数就好了。然后，我看到了分班结果，410。想到这些，我好像又站在格物楼那间教室外，随着歪歪扭扭的队伍走进教室。

15岁时遇见你，410，刻骨，铭心。

苍白的字、词、段勾勒的是一个个支离破碎的片段，我想描述彼时光影，我想表达想起410时那种简单的美好。揽月楼六楼里，数奥人逐梦路上不离不弃；410教室里，科代表们此起彼伏地呼喊；沥青路上，闪过一个个抱紧书飞奔的身影；寝室里，四五个人热热闹闹地挤在一个水龙头前；餐厅里，卖盖饭的阿姨问“那个和你一起的姑娘怎么没来”……联赛结束，在奥赛教室的楼下，你们仰起脸说有些事情要独自承担，还有你们写下的“我们都曾是快乐的所向披靡的孩子，纵使身上背负着巨大的仙人球”。那些日子，犹如天空之城般，阳光肆无忌惮。那些爱，那些痛，我记得；那些倾城日光，我记得。

18岁时离开你，410，书写，成长。

暑假里看到曾经的410搞笑语录，突然泪流满面。想起这样一段话：“老师，我们的高考试卷还没有讲评，能不能约个时间，还是那间教室、那些人……”

最终语数外物化生铺陈开的缎带由高考匆匆打起一个结，连接起一张录取通知书，但在回忆中，所有的故事都只剩下了最美好的部分。如今的生活真的是另一番模样，会有挑战，但恰是我喜欢的样子。我现在想把“逐梦”改为“筑梦”，我会开心地给你们讲 CAUP 是建筑与城市规划学院的意思，会努力在最艰难的时候仍开心地坚持自己最初的梦想。那些演算了一次又一次的典例习题已经渐渐淡出视线，曾让我头疼的理综不再是生活的主旋律，但重新拿起画板我也会害怕，各种制图、测绘、徒手表达。此时光影在这座灯影幢幢的不夜城似乎有些复杂，“我想成为怎样的人”，“我究竟要选择什么样的路”，这种一仔细想就很容易把自己绕进去的问题不得不回答。没有一个统一的标准让我机械地去追寻，没有一种量化的方法可以排出优良中差，只能如一部电影中的一句话“我要把自己收拾干净，我要往前走，一直走下去”。也许回答“我从衡中带走了什么”这个问题本身并不重要，因为它本来就是一段真实的人生旅程，因为它，我是现在的我，它就是我生活的一部分，弥足珍贵。

当我徘徊，我会想起你们，纵使你们不在我身边，但你们留下的彼时光影让我记得出发的坐标原点，告诉我在外面这个光怪陆离的世界里不要忘记自己最初在 410 的心，不要忘记对你们、对自己许下的诺言，不要忘记我可以纯粹地投入到自己钟爱的一件事情中，酣畅淋漓地一直往前走。

就像今年的中秋，我会独自跑去外滩寻找你们的身影，当月亮攀上东方明珠的肩头，我看见你们的笑脸，在这个南方的城市遇见永远带着数学的洒脱的奶奶。从前的冬日我是喜欢在从餐厅回教室的路上看月亮的，从前的冬日还说过“我深爱 410，因为我深爱着 410 的人”。

突然想，或许我们从未离开。

如今的我想起当初的选择并不后悔，如果可以对过去的自己说一句话，那一定是“过程比结果更重要”，回望高中生活的那一张张让我欣喜抑或是悲伤的成绩单都已变得不重要，只因为曾决绝地写下“不管世界上的人们以怎样的姿态生活，我都要在这个 6 月碎骨般剧烈地怒放”，只因为曾为建筑梦的种子悉心地浇水、施肥，小心翼翼地等待它发芽。那些持续的 5 点 30 分起床、10 点 10 分休息的日子，那些经过老师精确计算课余时间达两小时的日子，那些背负着奥赛作业仍能及时将写完的学案、作业、自助码齐的日子，那一个个时光的剪影，不是一种因高压而临近崩溃边缘的感觉，而是心平气和的踏实，所谓“种瓜得瓜，种豆得豆”的传说是否灵验都变得不重要。当一个所谓的结果出来之后，试图串起零零散散的记忆的珍珠，却突然发现当初高考的目标不是终点，甚至连中点也不是，仅仅是转过的几道弯、路过的几个路标，为之全力奔跑过足矣。

彼时光影，我们一起走过；此时光影，我们一起书写。

高考的结束对于我们的故事来说不一定是最完美的结局，《那些花儿》在唱，“有些故事还没讲完那就算了吧，那些心情在岁月中已经难辨真假……我们就这样各自奔天涯”。

可是410的那些花儿呢？

一定花开正好。

好习惯是一生的财富，坏习惯是一生的债务

范元瑞，浙江大学工科实验班（信息）专业

这是信妈妈给我们留的一份作业——写一篇回忆高中生活的“记叙文”。这可真的难透我了。我在高中三年每逢写作文，只要题目对文体不做要求，都会写议论文，为此我的同桌张弛戏称我是“议论王子”。所以写这篇文章，我也是心怀忐忑的——毕竟鄙人情商不是很高。

我的高中生活很大一部分就是在奥赛班度过的。奥赛生活的确给我的高中生活增添了浓墨重彩的一笔，尤其是那种为了单一的目标奋斗的感觉，现在想起来仍使我兴奋。然而在浙大的我依旧在思考：如果我不学数学奥赛，我现在会在哪里呢？在清华、北大，还是在浙大或者其他的重点高校，或是连重点也上不了，我真不清楚。但是如果单单让我学高考课程，埋头苦读三年，或许我的成绩也不会很糟，却一定不够精彩。因为如果我真的是在非奥赛的实验班里，或许我也不可能那样严格地要求自己，毕竟学习压力不那么大。

如果一个人对过去的回忆里面写了太多的“如果”，那只能证明他对自己的过去的确不满意。所以下面无论回忆什么，我都尽量回避“如果”“或许”之类的词语。

做难题对于高考生来说可能形如噩梦，但对于学奥赛的我们，奥赛题目就像兴奋剂一样，无论怎样疲惫，只要一做奥赛题，我们就会打起精神。三点一线的生活自然令我感到枯燥，但那种费老大劲做出一道奥赛题的感觉总能使我感到兴奋和无比喜悦。有时候在晚上第三节自习课碰到一道奥赛题死活做不出来，我回到寝室在被窝还会继续想。我也因为这样晚休进入状态过慢，并且一想奥赛题就到 12 点，有时候把题想出来了更兴奋更睡不着觉，又过了半个钟头才能心境平和进入梦乡。尽管第二天 5 点 30 分起床，可我依旧神采飞扬，没有一点倦怠——对于一个衡中的奥赛生来说，没什么比做出奥赛题更能令人喜悦的了。

衡中奥赛班手记：

那些花儿

似乎在外人看来，做题就是衡中学习生活的全部，一天六节自习都要完成一些规定的作业和任务。对于学习奥赛的衡中人，在衡中学习有一种异样的感觉。和那些只为高考拼命的同学相比，我们的假期时间更少，在别人还在享受假期的时候我们已经回到学校，专心进行奥赛的学习。而且学习对我们而言不只是做题，更重要的是思考，或者说是对某一类题目的深入研究。也就是在奥赛学习的过程中，我体会到做题不应该单单是为了做题或者找感觉，而是要抓住一个有用的题目就不放手，抠题目的本质，这样才能从根本上理解题目，这样做题的效率也是最高的。最重要的是，正如前面所说，我们的压力会比非奥赛生大得多。刚进 410 的时候，信妈妈就告诫我们，要高考和奥赛两条腿走路，两方面都要做好。这种学习模式说起来容易，做起来着实困难。上高一时就听说一位化学奥赛的学长月考年级第一，学奥赛一个月后，月考 1000 多名。我呢，对高考科目中的物理初觉难度，英语也严重滑坡，语文始终上不了 120 分，再加上奥赛不好，情况就更糟，但我还是在老师的鼓励下坚持着。在我对物理快失去信心的时候，我的物理老师尹建尊找我谈话，告诉我如何学物理，可以说使我豁然开朗，也使我明确了自己究竟应该做些什么；而苏兰老师（我们可敬的英语老师小苏）一直都坚信我就应该是班里英语前 10 名的人，虽然我当时对此已经不抱希望。总之，在 410 学习，在这样一个奥赛班学习，我不仅仅收获了知识，更重要的是收获了成长。因为在学习奥赛之前，我们始终都是考试名列前茅的人，在学习奥赛的时候总会多多少少遇到些问题，解决问题的过程正是我们学习的过程和成长的过程。

衡中的确能培养我很多好习惯，正如老师所说："好习惯是一生的财富，坏习惯是一生的债务。"我养成的好习惯之一就是反思，这也是我高三下学期能够从 100 多名冲上来的秘诀之一。日日反思，周周反思，每次考试都要反思，一开始会觉得反思能把人"烦死"，之后才发现这是多么有用的习惯。我正是在反思中不断发现自身的问题并努力改正的。我觉得高中辉煌时期不只是高三最后冲刺，再回巅峰行列，还有就是高二上学期，因为当时上学之前的暑假我就在反思自己高一的事，猛然发现"自己整天在很努力地让自己觉得很努力"，就是说我当时即使努力，也没有真正提高成绩，因为我并没有在适宜的时间做该做的事情。反思发觉后，我才努力地去做另一个自我，因此在高二上学期就进入了一个良性循环，每天在每个时间段做应该做的事，而且无比高效。而这一切，就是因我暑期的不断反思受益的。事实上，在我高三下学期冲刺高考的过程中，我也是做到了周周反思，反思做题中的种种情形，反思做题状态，特别是对理综的思考对我帮助尤大。我高考前已经不再翻什么积累本之类，而是看自己的反思本，因为它记录了我的做题历程，更记录了我高三逐步进步的过程，很大程度上它给予了我自信。

越是临近高考，衡中人便越兴奋，因为斩获成果的日子终于到来，每个人都不希望退缩，他们知道自己一定能在这场考试中得到自己想要的东西，这是属于衡中人的自信。从一定意义上说，高考对于衡中人而言是一个节日，重大的节日，每个人都希望在这两天群雄逐鹿之时展英姿。不仅仅如此，高考时，每晚 9 点 30 分睡觉、早 6 点起对衡中人来说已经是很享受的生活，还有贴着“高考必胜”字样的蛋糕和班主任煮的茶蛋总能给人一点点温馨和快慰。高考前两科结束，我很失落，正当我为语文的失误郁闷的时候，是我的班主任告诉我“考过数学了，语文就没有感觉了”才使我坚持走下去。最后一科英语考试结束我更坚信我来衡中真的没有错，当时我们考场的听力突然中断，漏听了两道题，校长努力协调，才使我们在考试最后有了延长 10 分钟听听力的时间。总体而言，参加高考的过程现在回想起来真是美妙的过程。

外人称衡中精神为“血狼精神”，我们奥赛班 410 则被同学们冠以“狼鹰家族”的称号，信妈妈的解释是“一个团队必须像狼群那样团结协作才有战斗力，一个人要像鹰那样志存高远、追求卓越”。“唯一必争，唯冠必夺”，这是只有衡中人才有的霸气。如果让我这个在衡中学了 3 年的学生来解释“血狼精神”，那就是“忍辱负重，顽强拼搏，自尊自信，永争第一”的精神。

这篇 2000 字的文章着实让我为难了一下。高考的时候，我用 25 分钟写完了 800 字的作文，现在我却用了几天的时间来思考我如何写我的衡中回忆——可回忆的东西太多太多，毕竟是 3 年的高中生活，毕竟是在一个充满美好记忆的地方。

今天突然发现自己文思枯竭，只能捡拾些记忆的碎片拼凑一番，而那些美好的回忆是我用笨拙的语言说不尽的。

巨龙腾空忆征程

吴建朋，武汉理工大学光信息科学与技术专业

10月，武汉的天气依旧炎热。今天，一场大雨冲刷了往日的骄阳，小城在绵绵细雨退去后终于得以喘息，放晴的天开始肆无忌惮地洒下缕缕阳光，雨水冲刷过后的空气显得格外怡人，久违的好天气终于又复归。然而，这场雨把我带回了我的高中时代，那时的我还带着稚气未脱的天真奔跑。

高中三年，是我在410成长的三年，也是我人生十分宝贵的三年。在410的三年中，我收获了同学间最纯真的友情，收获了学习生活中受益终生的习惯，收获了与老师探讨问题的快乐，收获了……在410拼搏奋斗的时光里，有酸有甜，有苦有涩，不管经历了多大的考验，410人只要一起努力，总能克服重重困难，取得胜利！

我们曾一起欢笑。还记得那次80华里远足，“四一零，巨龙腾。夺第一，气如虹”的口号回响在空中，“我和我最后的倔强，握紧双手绝对不放”的歌声萦绕在耳旁……80华里没有吓倒坚定的410人，虽然最后阳仔吐了，小雷、尤龙等人的嗓子哑了，鹤松脚起泡了，但是没有一个人落下，是410这个大集体给了我们继续下去的力量。还记得那次成人礼、那次中秋之夜、那次“十佳班长”“十佳学星”竞选，等等，真的有太多太多值得我去细细回味的。

我们曾一起流泪。当高考和奥赛频频失利，当班级量化不尽如人意，当疾病伤痛向我们袭来，我们也有过哭泣。但是哭泣并不代表放弃，放弃不存在于410人的字典中！我们每个人都会选择去坚强面对。高考和奥赛频频失利，我们会静下心来分析原因，调整状态；量化差，我们会更加严格要求，做到不违纪。那些我们一起流过的泪，滴滴都化成最美的回忆！

现在410的花儿们已经飞往了全国各地，但我们都是衡中人，都是从衡中这片养育我们的沃土中长大的，我们无法忘记衡中，无法忘记衡中的花花草草、一

砖一瓦，更无法忘记衡中每一名默默付出的园丁还有一起奋斗过的兄弟姐妹。

爱在左，同情在右，走在生命的两旁，随时播种，随时开花，将这一径长途点缀得香花弥漫，使穿枝拂叶的行人踏着荆棘不觉得痛苦，有泪可落亦不是悲凉——有了这份纯洁的爱情、这份真挚的友情，再加上一份浓浓的亲情，一定会使我们的生命之树常青、翠绿茂盛。无论是在灿烂的阳光下，还是在凄冷的风雨中，都可以让我们的生命闪耀出亮丽的光彩，完美一生。在410，我们都收获了这份最珍贵的友情！

高中阶段，老师对我们说到了大学就轻松了，实际不然。大学只是我们自由支配的时间多了一些，大学的竞争更加激烈，每天都能看到自习室里埋头学习的身影，大家的脚步都很快，因为时间是有限的，任务很多，只有提高效率才能完成。同时大学也是锻炼我们能力的一个平台，加入一些社团可以很好地提高自身的社交、演讲等各方面的能力，发掘自己的潜力。

还在衡中继续奋斗的学弟学妹们，首先恭喜你们能在衡中这片沃土中成长，在衡中，你们会收获很多很多一辈子值得纪念、回忆的东西。高中生活无疑是苦的，你可以持之以恒也可以随遇而安，可以雄心勃勃也可以知足常乐，可以谨小慎微也可以大胆奋进，只是“莫等闲、白了少年头”，当一个个“未来”变成“此刻”时，不要怅然和失落。未来其实并不遥远，此刻不就是你曾经眺望过的一个未来吗？请坚信只有经过浴火焚烧的凤凰才能重生！

最后请相信衡中，更要相信你自己。You can！ we believe you can！ You believe you can！

那时花开月正圆

常宇，西安交通大学信息与计算科学专业，自主招生

高考的硝烟已经散去了，离开衡中也很久了，可并没有想象中的那么洒脱，相反更多的是对母校的怀念，对以往班级的眷顾，以及对衡中点点滴滴的回忆。在衡中有我们人生中最珍贵的 3 年时光，也是我们一生最值得怀念、最值得珍藏的 3 年时光！

记得就在高考前夕，不仅仅是我，大家都是一样，盼着倒计时的日子一天一天地减少，盼着高考早点结束，盼着早些离开学校回到自己的家——一个当时认为会非常爽的地方。高考如期而至，然而疯狂一过，在家里真真正正地放松下来，对自己的放松竟感到耻辱，认为这是挥霍青春，这才明白衡中 1000 多个日日夜夜早已给人生烙下了深深的印记，这衡中情、衡中结是永远也忘不掉的！

进入大学，自我介绍时，只要说出自己是衡水中学的学生，便真的会得到钦佩的目光，也明白了一遍又一遍说的那句话，“母校就是你一天骂八遍，却不允许别人骂一句的地方”。事实上，每个从衡中走出的学生无论在学校时是什么样的，一旦走出了衡中的校门，便不由自主地以自己的母校为光荣为自豪，因自己是一个衡中人而倍感荣幸。军训时，早上不想起床时，为大学的生活苦恼时，是衡中带给我的一切的一切让我能够坦然面对！真的很感谢衡中，母校给了我很多很多，这些习惯无论是在日后的生活中还是在以后的前进道路上都一定能够给我以正确的指引。

记得在暑假里，一句话默默地被无数衡中学子在网上转载开来，大致内容是这样的：“老师，我们这次高考试题还没有讲评，什么时候找个时间，还是原来的教室，还是原来的那些人……” 看着背景中的科教馆照片，我想每个衡中人看到这个场景都会想起自己在衡中这三年的岁月，我们经历了太多太多，我们也成长了许多许多。

还记得每个早晨，我们的到位足以令人感叹。大家到位后认真地背着手中的资料，大声地吼出自己的理想，从“四一零，巨龙腾。夺第一，气如虹”到“我做我能，我信我行。四一零班，奥赛称雄”，我们 410 人一起跑出了衡中最美的操，战出了前无古人的成绩。真的好想回到那个时候，大家为了同一个理想而奋斗，为了同一个目标而拼搏，大家真的就像兄弟姐妹，没有矛盾，只有互相的支持与鼓励。

还记得在宿舍，几个舍友互相分享自己的食物，为没弄懂问题的兄弟讲题，为心情不好的兄弟排忧解难，大家就是一家人。那时候的生活虽苦却又处处充满甜……

上大学后，最爱看的不是什么小说，最爱的也不是什么电脑游戏，而是那本《花开的声音》。它记载了我们 410 大家族的记忆，记载了我们的欢笑与泪水，记载了我们如何从一个普通的班级走向了一个所向披靡的家族。这本书有神奇的魔力，总能在黑暗中给我光明，给我前进的动力，那上面的张张笑脸，是那么的纯真无邪，那份情，我们永远记在心底。

难以忘记，每当有人过生日时，大屏幕上播放的大家精心制作的一张又一张精美幻灯片。它使同学们明白，纵然远离家人，却总有另外一些人关心着你、记挂着你。难以忘记，信妈妈的每次班会，把我们从迷茫引入正途，把我们从衰竭领向活力。还记得那个黑暗中的班会吗？信妈妈的坚强打动了我，信妈妈对于班级的爱鼓舞了我也温暖了我。那夜唱响的一遍又一遍的班歌，不仅给了信妈妈动力，也使 410 的孩子们与信妈妈心连心，共同经历了一场蜕变。还记得数学奥赛的每次培训吗？尽管大部分培训没能记住多少知识，但忘不掉的是奶奶推着车子穿梭于我们的住处和她自己的住处，她那关切的目光和瘦小的背影令我们一次又一次地感动着……忘不了奥赛结束后的数奥组最后的那次见面，题很难，大家很痛心，同学们都在抹着眼角的泪水，也许不全为了这次考试，更为了数奥这个我们拼搏了太多的大家庭的解散。那天霞姐不顾自己疼痛的腰，硬要来给我们数奥组的同学鼓气。我们不知道霞姐忍受了多少，但她展现给我们的只有笑容和对我们的赞扬。我们真的记住了老师们为我们付出的点滴，却一直傻傻地当作习以为常。其实现在想想，410 的老师们真的是做得太完美了，他们完全超越了老师这一角色，他们就是我们的父母，是我们最亲的人。

忘不了，运动会上 410 的运动员为班级而战，宁愿受伤也不愿失败，观众席上最响的喊声永远来自 410 的方向；忘不了，远足路上只有 410 的队伍一路欢声不断，大家坚持到底；忘不了，成人礼上也是 410 的教育最令人难忘！ 410 给了我们太多，我们又拿什么去回报呢？

这一切过得真的太快，真的让人好想再过一遍，好想再享受家的温暖，可是一切已然不可能。我真的很爱 410，可这一切真的远了。后来，漫步于大学校园，看到大家匆匆走向食堂，看到大家在自习室的专注，我总是有种莫名的悲伤，突然忘记了自己究竟是在大学还是在母校衡中——这一切是多么的令人想念，这一切是多么的熟悉，可在你旁边的人早已不是原来的兄弟！

衡中，真的给了我很多很多。410，真的让我享受了很多很多。我现在能做的，只有写好这回忆，把这瞬间变为永恒，让大家记住那时花开，且花开得是多么美丽！

上天没有给你想要的，不是因为你不配，而是因为你值得拥有更好的

乔石，长安大学道路桥梁与渡河工程（卓越工程师）专业，提前录取

一个突如其来的出版通知打断了忙碌而迷茫的生活，让我停下错乱的脚步，静静地回想那过去的点点滴滴。呵呵，原来我也是有过去的人，原来我的过去是那么美好，原来，我是这么想你，我的 410，我的兄弟姐妹。

校园时光时时忆，暮念朝思难复回

离开衡中太久，然而，成功逃离之后，我居然感到一丝丝的空虚与伤悲。走出校门，才知道衡中给了我太多，才知道衡中给了我多么充实的生活。那段我曾认为难熬的日子恰恰是我人生中最珍贵的时光。

到了大学，确实惬意了很多，但早已习惯忙碌的我却有一些迷茫：没有人再陪你早上 5 点 30 分起床然后激情四射地早读，没有人陪你自习到很晚然后狂奔到食堂匆匆吃一口饭，没有那些在一起奋斗了很久的兄弟姐妹……想到这些，心里不觉又有些痛，如果可以，我真的还想过一回衡中的生活。每天奋斗的生活是辛苦的，但每天空虚的生活是件更加痛苦的事。

写下这些的时候，突然觉得自己真的老了，呵呵。还记得在衡中那些激情如火的岁月，每天都充满激情与动力，每天都一直在向着梦想奔跑。那些日子确实有些累，但真的不苦，因为为梦奔波的日子里你们一直都在，我的兄弟姐妹……

在衡中、在 410 学会了好多好多，最直接的是那种永不服输、永远追求卓越的精神。还记得信妈为我们班起的那个霸气的名字“尖刀班”，寓意永远以最激昂的姿态刺进敌人最致命的要害，永远向前，永不停歇，或许这就是我们的力量所在吧。“狼鹰家族”的孩子没有一个会半路放弃。回想我们为了梦想拼搏的那些日子，心里突然就有了力量。好多时候，想要放弃了，不想坚持了，想想我是

410 人，哪怕再苦再累我也会做好。我记得当初萌生退意的时候，信妈跟我说了一句话 :“乔石，你身上有一股劲儿！”就为这句话，我一直坚持着。感谢信妈的鼓励，这句话真的让我有了一股劲儿，或者说一种永不言弃的精神。我们也有过挫折有过坎坷，但 410 始终不曾抛下任何人，我们一直在一起。即使是在大学各奔东西之后，一句召唤还是让我们凝聚在了一起，我们的心始终未曾分开。

永远记得校服后面印的那 4 个字“追求卓越”，当你走出学校才会发现这不只是一句简单的口号，而是一种精神，是衡中人的精神内核。当我来到大学这个新环境的时候，过去的一切都已成为空白，不管从前如何，来到这里我就该把最好的自己展现出来，永远追求卓越，永远做到最好，否则我对不起“衡中人”这个称号。

我想，410 给我的最重要的一样东西是“情”吧！我永远忘不了在一起为了梦想拼搏的兄弟姐妹，那些艰辛的日子我们一直在一起；我永远忘不了一直辛勤工作的老师，那些日子里给我的鼓励与安慰。我记得培训时的三国杀，我记得宾馆里的彻夜长谈，我记得火车上的喧闹，我记得大巴上你们借我睡觉的肩膀，我记得震天的口号，我记得黑暗里唱的《倔强》，我记得中秋的圆月，我记得十五的元宵……我记得，这些，我都还记得，亲爱的你们，我永远会记得。

衡中，410，你真的给了我太多，多谢不言，每一天我都努力为你添彩，不敢让你以我为豪，但一定会用我的努力书写你的荣光！

大学生活路漫漫，吾将上下而求索

说实话，刚刚到大学确实有一些不适应，严苛的军训令我差点崩溃，自由的学习模式又令我有些措手不及，不过随着时间的流逝渐渐有了些感觉。首先，大学里应该学好自己的专业课，有过硬的专业知识以后步入社会才有竞争的基础。另外，大学和高中有很大区别，大学应该丰富多彩。我想要一个充实而丰富的大学生活，所以我报了几个社团和两个校级组织。报社团，一来可以学习一门技艺，二来可以认识许多朋友。至于校级组织，可以加学分锻炼能力。

人们都说大学就是小社会，我们要在这里学习一些进入社会的必备知识，学会为人处世的技巧。大学是知识的殿堂，但又是病毒的温床，自由是双面的。在这里，我们一定要严格自律，做一个坚守自己的人。

西安环境很好，气候也不错，校园里也很美，尤其是十二层的图书馆很霸气，我喜欢这里厚重的历史和自由的学风。

大学，有很多未知，路漫漫其修远兮（我们有栋教学楼也叫“修远”楼），吾将上下而求索！

长江后浪推前浪，青出于蓝胜于蓝

亲爱的学弟学妹，真的有好多话想对你们讲，但又不知该从何说起，我是一个不太优秀的学长，但我一直未曾丢失追求卓越的心。或许你们会遇到很多挫折，或许你们对现在的生活有一些抱怨，但我想让你们知道汗水和泪水一滴都不会白流。我也是过来人，你们的许多感觉我都懂，我只想说，高中这几年或许你们会遇到很多打击，但一定要坚持，不要为了一两次的考试而患得患失，坚持到最后，做最好的自己，这就够了。有些时候努力了也未必能得到你想要的，但我想分享给你们一句话：“上天没有给你想要的，不是因为你不配，而是因为你值得拥有更好的！”所以，无论碰到什么困难都要咬牙坚持。当你步履蹒跚地走过这段旅程，回过头你会发现路上的阳光是多么的美好。

其实，我们在学校的时候也会抱怨很多，许多事我们也不理解甚至有些时候我们会破口大骂，但当走过这段路之后我们才知道老师们的良苦用心。上了大学没人会督促你，没人会管你，你挂科没人会怜惜你，你荒废没人会劝导你。所以，趁有人关心你、督促你的时候好好珍惜，养成一个好习惯会受用一辈子的。

身不饥寒，天未尝负我；学无长进，我何以对天。

孩子们，加油吧，你们的明天一定会很美好，你们的学长在各大高校等你们！

醉梦灵归沐雨处，千里轮回共婵娟

樊婷婷，清华大学材料科学与工程专业，加分（省一等奖）

半国英才聚清华，从衡中走向清华之后，我忍不住写下这3年来的点点滴滴……

我想说，这3年承载了太多快乐与悲伤的回忆。

高一时懵懂无知，我随手在奥赛志愿表上写下“信息”二字，怎知那两个字会改变我的一生。

曾经无数次因不喜欢信息奥赛而给爸妈打电话，曾经因与自己最喜欢的化学奥赛擦肩而过而哭泣，但最终还是回归了现实，选择坚持学下去。

我不是一个幸运的孩子，第一次联赛考出了倒数第一的成绩，与此同时，文化课成绩一落再落，第二次联赛拿到省一，原本的欣喜却被接二连三的打击冲垮。没错，清华保送考试失利，清华自主招生失利，本想保送其他学校却因各种原因连报名都失败，而这一切带来的最终结果便是高考。当时因为心情的原因，我的分数基本上稳定在630分，但随着一次又一次的考试，名次越来越差，甚至已经濒临绝望……

但我又是一个幸运的孩子，信息奥赛的男生一直关心我，当我只能高考时安慰我，还有那么多410的兄弟姐妹和我聊天，努力让我开心：磊哥的劝慰，兆哥的纸巾，尤龙的搞笑逗趣，丹琳、超哥的安慰，以及克嘉足足半年对我的不放弃。

过去，我从来没有向你们道过谢，现在，我们已经天各一方，但你们曾经的好我一直都记在心里。

记得最后冲刺的日子，我的成绩已经出现了直线上升的趋势，一模、二模、三模已经稳定在班级前几名，最终在高考考场上没有了紧张，有的只是淡然，淡然地写完最后一篇英语作文，走出考场后，看到的是明媚的阳光。

查分的日子到来，688分，再加上省一的10分，清华势在必得，但我却没有任何的激动，仿佛早已预料到这一切。在那一刻，我想到的是自己 3 年的老师和同学，想起 3 年的点点滴滴，那些欢笑与泪水。

想起第一次班会，想起我们的运动会，想起一次又一次的集训，想起在河南培训的日子，想起一起为奥赛奋斗的日子，想起生日时的祝福，想起分班时的不舍……

我要感谢 410，感谢衡中，因为你们让我明白什么叫作“行胜于言”，明白了什么叫作“自强不息，厚德载物”，明白了什么叫作“追求卓越”。在衡中，我明白了太多太多，也变得越来越成熟、越来越坚强。我不再是刚刚入学时那个什么都不懂的小女孩，而是一个能微笑着面对一切的大学生。

步入美丽的清华园后并不轻松，大学生活依旧繁忙，忙的不仅仅是学习，更有班级、学校的各种事务，忙到凌晨才能睡觉，午睡几乎成为奢侈，但我要告诉你们，大学生活真的很充实。

至于那些仍旧为了自己的梦想而奋斗的孩子，我要用下面大幅的文字告诉你们我走过的路的感想。

也许，你会有各种失败，你会觉得那些失败太过沉重，沉重到已经喘不过气来；也许，你会觉得上天不公，你会觉得努力得不到回报，纠结于各种问题……我要告诉你，这个世界上有太多太多你想不明白的问题，而你只需记得一句话“想不明白就不要想了”，就算你想一辈子又能怎样，结局已经成为定局，何必抱着过去不放，我们能改变的只有现在。

也许，你从未失败，你稳居年级前几名，但请你不要放松，无数的经验告诉我们，高考成绩与平时成绩没有必然联系，每年都会有很多人的成绩出乎所有人的意料。在衡中，从来都不缺聪明的孩子，在那样高手云集的地方，需要的是沉稳与淡定、从容。

也许，你一直普普通通，但你要相信自己并不普通。曾经有很多人说我就是一个很普通很普通的女生，可现在的我依旧普通吗？

另外，考上清华又如何呢？重要的不仅仅是知识储备，还有良好的心态和坚定的信念。

心态好的孩子们也许会因为打击消沉一时，但很快就会振作起来；至于坚定的信念，你一定要相信能考上心目中的大学，不管现在你离梦想有多远，你都要坚持。

也许有很多人认为清华是那样的遥不可及，甚至把考上清华当作一种奢望，请相信我，清华其实就在你的身边，清华的学子们也是普普通通的人，他们并不是天才，他们曾经和你们一样为梦想而奋斗，他们也哭过、笑过、成功过、失败过。

其实在某种程度上，衡中与清华有很多相像之处：同样的充实，同样的追求卓越，同样的来去匆匆，同样安静地自习，同样对知识渴求，同样围着老师问个不停，同样的快节奏，同样的付出，同样拥挤的开放日……

我还想告诉衡中的学子们，你们所在的高中其实就是清华的一个小缩影，你们有最辛苦的老师，有齐全的设施，有不错的食堂，你们真的很幸福。不要抱怨节假日太少，不要抱怨学习时间太长，不要抱怨学校管理太严，也许你们当下讨厌这个学校，但我还是要重复那句你们听过无数遍的话："等你们走出衡中，你们就会怀念母校，怀念你的老师和同学。"

也许，在每天的快节奏下，在高强度的训练下，你们会很累很累，但请想想你的梦想，想想曾经的雄心壮志，你会发现，3 年的付出是值得的，累但很充实，你不会为这 3 年的奋斗而后悔。

学弟学妹们加油！

人可以白手起家，但不能手无寸铁

尤龙，北京理工大学工业设计专业

坐在家里，目不转睛地盯着屏幕，听着二手玫瑰的歌，忽然记起有个人对我说过的一番话：“我不知道后来人会怎么记叙我们的故事，我想我终将倒在这长路的某个地方，悲哀的是这世上根本没有终点，你倒在哪里，哪里就是终点。”我越想越觉得恐慌，我们曾经的奋斗，我们曾经的血泪，我们曾经的疯狂，甚至我们曾经的无知随着时光的漫溯在将来又会有多少人还能记得？之前在大学参加演讲比赛的时候我还在想结果对我们来说有多重要，虽然一直没想明白，但却隐约觉得，也许这段长路才是我生命中最宝贵的岁月，至于为何而来，为何而去，是不是成功，真的不重要。我深爱着的那些花儿现在都已经开了吧，真想再看到你们馥郁的样子呢。呵，就让我做一朵二手玫瑰吧，隐匿在410的花丛中，享受你们带给我的温馨与感动。

（一）

曾雨说，人生最幸福的事情，就是和最好的朋友一同做想做的事。说得还真对。

我永远都清晰地记得那些日子，那些有点快乐也有点痛苦的日子，那些奋斗着也蹉跎着的日子，那些一起欢笑也一起哭泣的日子，那些互相鼓励也有过争执的日子，那些氤氲着点点暧昧的小浪漫的日子，那些有扯淡也有痛哭流涕的日子，那些有着我爱的每一个人的日子。

那些岁月里，我们是那么幸福，因为我们都不相信命运只相信奋斗。分班第一天，小雷站在讲台上说了那句让我现在还刻在心间的话：“既然选择了这条路，即使跪着也要把它走完。”高中三年里，我曾歇斯底里地对自己怒吼过这句话，也曾平静地朝看不起我的人默念过这句话。我相信我们每个人都一样，都无数次经历过挫折，当然我们也无数次克服过这些所谓的困苦，当这条路充满艰险所有人都不敢走的时候我们却敢走。我一直深信不疑，这就是我们幸福最大的秘密。

那些岁月里，我们的青春，一半是火焰，另一半还是火焰。记得高考前那段时间，我特意往班里扛了两箱加强型的红牛，早晨一瓶晚上一瓶，喝到最后都不能控制自己的情绪了，整天就是单纯地为了理想而奋斗。最让我感到开心的就是走了那么远我还能清晰地记得出发时的方向，我还能自豪地说我配得上我当初的梦想。这其实就是青春吧，似火般绚烂，最后即使化为灰烬也没人会痛苦没人会后悔，因为痛苦只是对自身无能的愤怒，因为后悔这种情绪从一开始就注定了。

那些岁月里，我记得信妈妈的温柔和关心，记得霞姐的谆谆教诲，我也记得班长的“八面玲珑”，记得董傲的虐爆全球，记得弛哥和轩然快要溢出来的才华，记得群“姐”和Mary的特立独行，记得骚舟和骚冰的“霸气侧漏”，记得小雷和兆哥的邪气凛然，记得默默却脉脉的明超，记得寡言少语但心里其实啥都明白的小刚豆，记得我们当仁不让的组花樊婷婷，记得那些扯着嗓子为410争得荣誉的体委、那些跑前跑后的科代表、每一个热爱410的花儿……

人生最幸福的事情，就是和最好的朋友一同做想做的事。而一朵二手玫瑰所能想到的最幸福的事情，就是和其他花儿一起享受夏日里好多好多的阳光。

（二）

2012年高考，魏公村及良乡职业技术学院的大门向我敞开，我固执地选择了工业设计作为自己大学甚至人生将要追寻的方向。这是一次艰难的抉择，我也曾动摇过，但最终还是坚持了下来，因为梦想本来就容不得犹豫。当所有人都怀疑我的时候，我能做的就只有向前，追求那不知是海市蜃楼还是现实的未来，这未来我还摸不到，所以其实我根本不知道这是勇气还是逃避。

大学生活裹挟着我向前。现在的我已经会写很多看起来很理智、很厉害的关于大学的文字了，但是我不能写，因为我知道那些话都是别人说的，不是我自己感受到的，我想告诉你也想告诉我自己一些真实的感情。军训快结束的时候我给自己定下了大学四年要努力的方向，第一是能有一群掏心窝子的好兄弟，第二是能对一个心爱的姑娘许下白头到老的承诺，第三是要让自己变得强大，强大到不会辜负兄弟的信任和姑娘的爱恋。我一直坚信并追求着这三件事，直到现在我也没怀疑自己。

毫无疑问，我们来大学是为了学习，而学习并不是对高分数的追求，它是通过过程来充实自己，来为自己实现理想和演绎人生提供更多的筹码。我爹告诉过我一句话，“人可以白手起家，但不能手无寸铁”。让自己变强是一回事，得高分又是另一回事。无论什么时候学习，前提都是你确定你知道自己想要的是什么。而我想要的就是一朵素净不妖的二手玫瑰，心有猛虎，细嗅蔷薇。活在大学象牙塔的庇护下只是一种过渡，从无助的弱者到独当一面的猛士，这是一种灵魂的质变和精神的蜕变，要学会承担责任，要学会处理问题，要学会对得起自己和自己守护的一切。

有个姑娘曾经和我说，无论你现在多么自信自己的热爱，但那都只是一时冲动而已。我说你说这话伤到我了，她哭着告诉我，宁愿伤害我，也不愿欺骗我。我特感激她，真的。这其实就是学生时代的爱情吧——都在成长，都在悸动，也很希望能和自己真心喜欢的人在一起。爱是一种很玄的感觉，感觉这东西是抓不住的。我爱过一个人，一心想要和她在一起，她也说她爱我，我相信了，这就是最好的感觉了吧。奎木狼的悲剧，最好不要再上演了。当然，只是最好不要。

“青春啊青春，你坐北朝南”，二手玫瑰的浪漫希望你懂，也希望我自己更懂。

（三）

所有懵懂着的青春年少的孩子，我真的不敢“居高临下”地告诫你们什么，只希望你们能无悔地为了自己想要的东西去奋斗。永远不要犹豫，因为当你想到的时候，有人已经替你做到了；永远不要放弃，因为一旦放手就是前功尽弃；永远不要后悔，后悔只会耽误你下一步的行动而已。

所有的成长都发生在一瞬间，在你从失败中起身的那一瞬间。我希望你们不要恐惧和拒绝失败，在失败之后，也许你们会一辈子感激它。当然，我绝不是说不去做最好的自己。

我是尤龙，一朵 410 不会凋谢的二手玫瑰。我曾在北京理工大学设计与艺术学院读大学，我在梦的门前等你。

再不疯狂青春就荒了

雷文清，天津大学机械工程自动化专业，保送（省一等奖）

只有用这句歌词才能表达此刻自己写这篇文章的心情——“再不疯狂青春就荒了”。

我是雷文清，小雷，大学在天大，标志性建筑是北洋大学堂。

我是一个保送生。往日如昨，耳畔能依稀地听见衡中的铃声，脑海还能时常显现奔跑的身影。走在天大的校园也曾用衡中的步调忙碌着自己的事情，每每如此，心中不免感到一丝自豪——我曾身为衡中的一员。衡中给我的最大的回忆仍然还是我在410的那段时光，一切都是那么单纯，单纯的学习，单纯的情感，单纯的生活。我更加怀念自己学习奥赛的那段时光，有的时候觉得那才是最真的自己，单纯地去追求一个目标。作为一名信奥生，等待着AC屏闪永远比等待一个女生向你表白还要幸福。程序员的单纯，只有那一刻我才能理解。所以我真的想说，谢谢衡中，谢谢410，谢谢奥赛，给了我人生中最单纯的回忆。

但人总归还是要成长，虽然我们的人生需要各种各样的回忆来充盈，但我们却不能生活在回忆里。高考不是终点，大学是真正的起点，在这里我们会遇到各种各样的人，遇见各种各样的事，这些人和事构成了生活。

我的大学是天津大学，前身北洋大学堂是中国近代第一所综合性大学，建校于1895年。说实话我能为我的大学想到的唯一一个能形容它的形容词就是低调。所谓低调就是强大到令人瞠目，但真正了解它的人少之又少，当我们真正成为天大人的时候，我们的内心充斥的是无比的骄傲和自豪，原来清华、北大的某些强势专业是从我们这里分出去的，原来北航的前身是天大北洋的航空系，诸如此类。我不想再过多地宣传我的大学多么好，因为我们要低调。

到了大学，发生在自己身上的事情真的是很多很多，学习到的东西也很多很多，我不得不承认一个大三的学长所说的话真的很对：“大学真的是一个很疯狂的地方。”这也是我要起这个题目的原因。大学之前我们要努力学习为了能考一个好的大学，而大学之后我们可能要读研、读博，要成家、立业，那么我们究竟什么时候才能真正地青春一次？我们真的要为了生存而放弃生活？所以大学真的是值得我们疯狂的时期，因为“再不疯狂青春就荒了，再不疯狂我们就忘了，荒了就像白活了一场，没有回忆怎么祭奠呢”，我希望我能做到疯狂这一点。

我口中的疯狂并不是像大家想象的那样是贬义的，是违背常理的，是违反章法的。我口中的疯狂是褒义的，是没有等待没有犹豫没有后悔的，是挥洒青春，是书写青春，是追逐梦想，是趁着我们都还有精力都还有力气的时候做我们想做的事情。

学弟学妹们，如果你们想知道如何令自己的大学生活疯狂起来，那么往下读吧。大学生活总归来说要分成两个部分：学习和生活。如果这么划分谁有不同意的地方，那么少安毋躁，看看我的见解吧。

先说学习，如果你只把它理解成学习书本上的知识，做一个称职的学霸，那么我认为这个词的本义你理解错了。我们学习的不只是书本上的知识，只靠书本上的知识无法让我们在这个社会上生存，更别说在这个社会上生活了。我们学习的是技能，学习的是经验，学习的是各种各样的方法。我们要学习如何更高效地学习书本的知识，学习如何把这些知识变为实践，学习自己喜欢的事物，学习如何与他人交流，学习如何处理感情，学习如何更好地生活，我们要学的真的很多很多。我不提倡你们去做一个学霸，学霸只是一种精神，而不能作为一个身份去存在，我们要有不断学习的追求、正视学习的态度、乐于学习的情感。如果你真的去做一个学霸，把自己整天窝在自习室、图书馆，每天晚上熬夜去研习高数和线代，如果真的这么去做，那么恭喜你，你提前扼杀了自己的青春。我们要做的是自己喜欢的事情，我们要学的是自己喜欢的东西。

拿我个人举例，我做的并不典范，但是我做出来的事情至少不让自己后悔。我是一个热爱音乐的人，热爱到完全可以投身其中、废寝忘食。我是一个打击乐手，在民乐团里就是民打，在乐队里就是鼓手。天大的社团真的很多，其中较为出名的就包括北洋艺术团。艺术团是一个庞大的团体，包括交响乐团、军乐团、民乐团、合唱团，等等。艺术团是我入学后想进入的社团目标之一，最终我如愿地进入了北洋民乐团，过程是那么让人感慨。那天真的是机缘巧合，我去吃饭时路过大学生活动中心，耳尖得不能再尖的我突然听见了架子鼓的声音，我停下来仔细地寻找着声音的方向。当我知道是哪里传来的鼓声的时候我兴奋了，随即犹豫了：我该不该去看看？我去了算什么？但随即这个想法消失了，因为另一个想法出现在脑海：这里是大学！我不再犹豫，朝着活动中心跑了过去，那是一个我第一次进入的建筑。我找到了那个敲架子鼓的人，他也是刚开始接触，但是敲得很好。我向他表明了来意，还小秀了一段。他称赞我手法很好、节奏感强，并向我表明他是民乐团副团长。而我就是因为这个机缘，在之后的“百团大战”社团纳新活动中顺利地进入了这个曾获得全国大学生艺术展演民乐组全国金奖的团队。

乐队是我加入的一个组织，在那里我真的得到了一种提升。纪念“百团大战”那天又是架子鼓激起了我内心的热情，它出现的位置是吉他社团。当我听到架子鼓声音的时候，没有像上次一样犹豫，而是直接走上前，说：“学长，我能试试这鼓吗？”当时真的是什么都没想，试了试音就开始敲。但是尴尬的局面随后出现了，因为底鼓的品质真的不是很好，我踩了一段就踩漏了，不过我却因为这个漏掉的底鼓再次获得了一个机会——我去买了一张鼓皮回来换上，并因此认识了天大第一鼓手，而且很巧的是我们是一个学院的，他又是学姐曾经跟我提到过的人。我当然不能放弃这个机会，跟他表明自己想加入一个乐队，看能不能加入他们的队伍跟着学习。他当时并没有表态，而是留下我的电话，告诉我正想办一个摇滚联盟的社团，到时候我肯定是其中一员。不过随后的几天他还是让我如愿了，他推荐我到了另一个乐队，那个乐队刚好有一名退出的鼓手，而我成了天大 Crowd 乐队中最年轻的一员。

如果没逃过课，那么我只能说你的大学真的不完整。我说的逃课可不是你理解的出去上网打 DOTA，更不是去逛街买衣服，而是做一件你真的觉得有意义而又不让自己后悔的事情，至少我认为是这样的。新生主持人大赛让我学习到了很多东西，提升了自己的能力，也让我认识到了自己的不足。我不会告诉你曾经剪过 mad 的我会熟练使用 vegas 和 AE，这些技术在社团纳新之初也成为我成功入团的筹码，我也因此当上了班里的副班长，而这次大赛我更是将这些技术运用得淋漓尽致，开场视频就震慑了全场。但外人不知道的是，为了制作这个视频我逃掉了两大节高数课，牺牲了晚上的休息时间，只为了及时交上稿件而不拖其他三位队友的后腿。结果是令我满意的，达到了我们的预期目标。大赛结束后，我自己都在感慨做视频的时候真的很疯狂，可以废寝甚至忘食。制作的过程真的很激动，当我想到一部如己所愿的视频要从自己手中诞生的时候，真的是令人兴奋不已，我那两节课真的没白逃。

上面的三件事就是想告诉大家学习就得疯狂，对任何想提升的能力、想学习的东西不要犹豫，要请教，要了解，让别人知道，让别人认识。不要在乎任何人的眼光，没有人会嘲笑你，你在大学的任何行为都不会被别人当作哗众取宠，因为这是大学。你只要记住一句话：大学就要有个大学样儿，你不再是个高中生，更不是个小孩儿，你还有青春，还有梦想，该疯狂就去疯狂。

接下来该说说大学生活了。不知道你们是怎么理解大学生活的，如果认为大学就是学习的话，或许你又要错一次了。大学是接近社会的存在。我们进入衡中的时候会感觉到一种竞争的压力，我们都以为我们进入了一个小社会，然而错了。当你进入大学之后你才会感觉到，高中的竞争是那么单纯又是那么美好。大学过后我们可能会考研究生，可能会出国，之后要工作，我们凭什么来适应这个社会？就凭大学这 4 年。大学这 4 年我们有充足的时间来认识、感受、适应这个社会，这就是我们的大学生活——最靠近社会的生活。

我们的生活要从社交开始，首先是宿舍。在你的大学 4 年里要有一两个死党，而他们就出自你的宿舍。你们要互相照应、互相学习、互相进步、互相成长、互相疯狂。其次就是班级。你在班级应该处在一个大家都认同你的地位，这样在有更多的机会涉及你的时候别人才会想到你。最后就是你在学校中的交际。你不能局限于仅仅认识自己班级的人，要让交朋友成为自己的一个爱好。你可以认识各样的人，他们会有你不会的技能，而这就成了你学习的目标，成了你成长的借力。他们还会有你意想不到的能力，当你需要这些能力的时候他们可以帮助你，当然前提是你也有他们需要的能力，同时也能帮助到他们。因为社会就是这个样子，互惠互利。

社交在生活中占据一个重要的位置但并不是生活的全部。我们的生活还不能缺少的是乐趣，乐趣有时候是疯狂的前提。也许很多同学上大学之前都听别人说过，上大学时间多了，想玩啥就玩啥。其实这么说还是有点儿过分的。说真的，我在大学的这段日子感觉课余时间都用来干别的了，玩的时间就显得有些少了，而在别人看来我忙活的那些事情都是在玩，所以我们不如说大学的乐趣就在于做自己喜欢的事情。我们喜欢什么就去做什么，只要不过分、不违法、不伤害他人、不疯狂过度，那为什么不能去做呢？我们喜欢音乐，那就组乐队、加乐团、唱歌；我们喜欢旅行，那就组队集体趁着年轻去旅行，我们喜欢运动，那就叫上自己的死党每天去锻炼。我们的乐趣一定要有意义，而不是每天对着电脑打 DOTA，也不是拿着卡牌跟舍友死磕，更不是想着如何泡妹子。

其实说起大学生活，更多人感兴趣的还是谈恋爱（当然这是我个人观点），而我对这个问题唯一想说的就是，大学的恋爱大家真的要试一试（这是出自我校某心理学教授之口），因为在我看来这也是一种学习的过程，我们需要这种感情的历练，我们需要体会这种感情对我们生活的影响。我还要对一些学弟说，不要觉得自己是个屌丝，因为这种想法会把你变成一个真屌丝。也许你没有出众的相貌，没有令人瞩目的特长，但是你可以有胆量，你可以有上进心，你可以有自己独到的想法，你可以有一颗真心，而具备这些就足够让一个女孩喜欢上你了。因为具备了这些，那些你没有的或许有一天都会有，再没有的就是微不足道的了。如果你觉得自己是个高富帅，你觉得你什么都具备，你有各种特长，但是你没有上进心，没有真心，那一切都是扯淡。就拿天大来说，神人真的很多，你有的那些特长真的不算什么。我会轮滑平花，篮球 3 分命中率平均 80%，上面我还说我会做视频、会架子鼓，可这里天外有天人外有人，一切的特长都不是你炫耀的资本，你唯一可以拿来炫耀的东西就是你的成功。所以如果你真的看上一个女孩，她真的让你心动，那么大胆点儿去表白吧。你可以想一个浪漫的点子，你可以用尽你的能力，只要不让自己后悔，因为这里是大学，一个疯狂的地方，一个可以尽情挥洒青春的地方。

以上说的并不是大学生活的全部，因为大学生活真的很丰富，社团、比赛、兼职，等等，有更多更多的需要我们自己去慢慢体会、慢慢享受。在大学，趁着自己还没有为生存担忧的时候好好生活吧。

如果你觉得自己还有青春还有梦想，那么就疯狂一把吧，疯狂地度过你的青春，疯狂地追逐一次你的梦。趁着你还在大学，趁着你还没有真正地走入社会。这样，当你大学毕业的时候你才不会因为什么都没做而遗憾，不会因为没有回忆而哭泣；这样，当你研究生毕业的时候你才能更好地投身于学术，工作的时候才能更专心地工作，因为我们没有遗憾。

“再不疯狂青春就荒了，再不疯狂我们就忘了。荒了就像白活了一场，忘了就像没有了过往……总有一天你要回忆吧，庆幸曾有似火的年华。”

为目标全力以赴，不负高中这单纯时光

胡瑞兆，天津大学电气工程及自动化专业，保送（省一等奖）

我在写这篇文章之前没有打草稿，因为有太多的话已浮现在脑海。我的文采不好，语言没有那么华丽，但都是些实打实的真心话，希望你们能从这篇文章中收获些什么。

我是12届毕业生胡瑞兆，来自一个衡中历史上最棒的班级——410，高中时参加的是信息奥赛的学习。时至今日，衡中那段单纯的生活依然不时地在眼前跳动，单纯地听到铃响爬起来跑操，单纯地喘着气在教室里上早读，单纯地对待每一节课、每一节自习，单纯地以我现在都不敢想象的速度扒完每一碗饭，单纯地奔回宿舍完成当时认为最幸福的事——睡觉。还有那些单纯得可以做一辈子兄弟姐妹的朋友，单纯得以教好学生为目标的让你受益终身的恩师们。而这辈子中最单纯的时光一去不复返了，大学杂事、费心的事很多，再也不能单纯地为自己的目标心无杂念地努力了。所以，同学们，趁着你们现在还在这单纯的时光中生活着，为你们的目标拼搏吧，不要让这段生命中唯一的单纯时光留下遗憾。

因为参加过奥赛的学习，我比其他的同学更早地接触到了大学的生活。我在天津大学就读，这是中国近代第一所综合性大学，在这里你能感受到它厚重的历史。相信我，虽然不是什么东西越久就越好，但历史真是这样。从一百多年的历史沉淀中，我深深感到的是求是和低调。求是的学风从节假日自习室还爆满就能看出。天大治学严谨，考试制度严格，在这里如果不以认真的态度对待学习，学校会给你很严重的处理。说实话，在我当初选择天大之前并没有听说过这所大学，上思修课时老师的一句话解释了这个问题："天津大学是我见过的最不会宣传自己的大学。"不说天大为祖国近代高等教育做过的各种奉献，就是从天大近些年的一些成就就能断定天大是中国的一流大学。

抒发完对学校的热爱之情，谈一谈我的大学生活。

我觉得衡中给我们最直接的礼物就是“衡中人”这张名片。在新生教育周自我介绍时，听着大学同学报出自己高中的名字，我并没有说自己是衡中人，因为我知道等着我的将是一大片的“哇塞”声和接连一大串的提问。后来和同学们聊天，得知我的母校是衡中，明显感觉到同学们以一种近乎崇拜的眼神看着我，可能是把咱们衡中过于神化了，但当时也是有一些小小的优越感的。也正是“衡中人”这张名片，助我在班长竞选中获胜，助我成功通过面试进入了天大十佳社团之首校团委（面试通过的比率是 1 ：20）。

衡中给我的又一件礼物是“追求卓越”。当母校的校训深深地刻在我心里的时候，我感到一种责任，因为我是衡中人，我不能给母校抹黑。我要将我的班级打造为天大最团结向上的班级，我要拿到专业排名前 10 名，我要拿五位数的奖学金，我要做到十佳社团之首的 boss 职位……这些都是我的目标。因为我是衡中人，所以做任何事我都要做到最优秀。

衡中还教会了我什么叫效率。大学中虽然课时不多，但有的课很难（比如高数），还有许多的社团活动、班级活动，所以闲暇时间也不如想象中的那么多，于是有的同学就逃课。关于逃课，我的看法是在时间实在冲突的情况下可以请假，随后再跟着别的班级把这节课补上，千万不要让逃课成为一种习惯。如果做到了我们在衡中时的那种效率，一切都变得简单了——高效地完成作业，高效地做完社团活动和其他活动，你会发现闲暇时间还是有的，这些空余时间就可以自由支配了，从而做些自己喜欢做的事。衡中的学弟学妹们，如果你们进入大学校园后，听到别的同学问你“你怎么吃饭这么快，你怎么写作业这么快，你怎么走路这么快”，你们可以对他说“呵呵，因为我是衡中人”。

衡中还教给我许多，等学弟学妹进入大学时慢慢感受吧。

最后说一下我总结的经验和教训。

第一，大家一定要学会抓住机会。这是一个老生常谈的问题了，关键是当一个机会真正来临的时候，你是否有勇气去抓住它；当你有勇气的时候，你是否做了足够的准备。在大学生活的一个月中，我对滚雪球效应深有体会，当你走出了优秀的第一步，你的手中就多了一份筹码，在与别人的竞争中胜算就多了一份。你手中的筹码越来越多，你的竞争力就越来越大，你就能越来越脱颖而出。

第二，大家一定要有自己的兴趣爱好。兴趣爱好可以在高考以后培养，这些业余爱好可以教会我们高中学不到的东西，也能帮助我们结识许多志同道合的朋友。我在高考后学了吉他和街舞。这两项好像都是人们常说的装酷耍帅的人才玩的，其实目的不单纯的人学什么东西都不会坚持下去，真正的吉他大师和世界顶级的舞者都是真正热爱自己的爱好的。吉他教会了我认识音乐，而街舞不仅教会我欣赏音乐，还能锻炼体魄，一举两得。

第三，关于谈恋爱。这个问题仁者见仁智者见智，我坦言我在衡中时背着家长、老师谈了一次恋爱，可惜最后以遗憾收场。我想说的是我既不支持也不反对你们谈恋爱，任何事情都有两面性。说谈恋爱不影响学习那是假的，毕竟分散精力，关键是你能不能把握好度的问题。

在大学校园时，有些人知道我是衡中人会私下问我爱不爱我的母校，我会反问他爱不爱他的母校，有的人会说才不爱那个鬼地方，我说我爱，他们就会用一种轻蔑的语气回答我："得了吧，真的假的？"我不会搭理这样的人，因为一个连母校都不爱的学生还能爱什么？我在这里告诉他们也告诉所有人："我爱衡中，我永远都是衡中人！"

花儿怒放时，青春正当时

赵进，天津大学测控技术与仪器专业，保送（省一等奖）

成长着，成熟着，不知不觉中走入了大学的校园，走上了社会，同样在不知不觉中离开了我的衡中，410 已经悄然离我远去……

最开始着手写这篇稿子，完全是我的即兴而为。在这个没有活动的夜晚，我回忆着自己的高中生活，想着那些美好的情景，那些如同电影一样的画面，一张张地在我的脑中闪过。现在的我们都有一种感觉，衡中已经离我远去，但不管怎样，心中总还有那样一股暖流隐隐地激励着、提醒着，那也许是衡中人的特殊回馈。

天津大学在大一不进行军训，看着其他学校的同学都开始了军训生活，唯一让我想到的就是我在衡中时经历的那次军训。整齐的队列，矫健的步伐，还有那滴滴的汗水偷偷地从脸颊边流下，那是衡中精神第一次的积淀。我们用整齐的队列、向上的心诠释着这次的训练成果。我们不是军人，但是仍以军人的姿态要求自己。

后来我进入了奥赛班，我亲爱的 410，我也就走上了竞赛的道路，这也是我们的小高考。记得在高二的那次竞赛中，我输得很惨，经历了人生中的第一次滑铁卢。我曾想过将失败归结于强手太多或者说这套考试题目不适合我，但这都是空谈！我还是没有灵活运用知识，没有让自己做到最好，我也就慢慢地想到了自己的格言：“做最好的自己。”

还记得一次次的月考以及频繁的小测，我是那些失败次数最多的人之一，同样也是那些忍着疼痛继续向前走的人之一。我是 410 人，这些失败算什么，我们还有竞赛的目标，那应该是我们高中阶段比较大的目标了吧。有着双重任务的我们已经不太在意结果，重要的是收获了什么。这也是我在高中时的心得之一。

80 华里远足，脚磨痛了，热血却更加沸腾，心灵更加闪亮。无论遇到什么都要走到最后，无论遇到什么都能走到最后，这是我作为衡中 410 人的一点感受。

成人礼，学会了感恩，在泪水中读完爸妈的信，我们真的长大了。在 410，信妈给予有形无形的感动，霞姐给予坦诚无私的爱，同学们之间相互关心体贴……写到这里，我在心中呐喊着："老师们，同学们，我爱你们！"

当然少不了的是那些拼搏奋斗的画面，永远乐观向前、坚持不懈，每一分每一秒都是我们宝贵的财富。记得我们特有的跑餐，记得我们特有的饭后几分钟休闲……一切仿佛就在眼前。

来到天大，在众人面前做自我介绍时，当然少不了说说自己的家乡。当提到我是来自河北的小城衡水时，同学们的惊讶超乎想象。有人说衡中跑操"碉堡"了，有人说衡中作业难极了……这样一座小城因为一所学校而闻名。

我是天大的衡中人，当看到天大"衡中老乡'通缉令'"时，我有点被雷到的感觉，但是又有哪个学校能够这样霸气地打出这样的条幅呢？骄傲，感动！

似乎我们在高中时，大学的印象就是展现自己的地方，甚至引申为玩转世界的地方，那里没有一个又一个老师的督促，没有一天接一天的测试检测。何为天堂，何为地狱？经历了才会知道，没有天堂地狱之分，衡中不是地狱，大学也不是天堂，这都是我们走的路，只是路况不同罢了，现在的一切靠自己：学习靠自己，能力靠自己，人际关系靠自己……没有爸妈的叮嘱，没有老师的监督，有的只是我们奋进的心。我们长大了，那些花儿盛开了，在怒放之时尽显娇媚，这是这个时期的特有属性。

早上起来去晨读，背起书包上自习，似乎又看到了我衡中人的身影……我没有整天泡在自习室，我不是学霸，我要的是效率，在短时间内高效地完成任务。某些不适应社会的习惯我也在慢慢地改，朝着自己的目标不断地努力。我认为目标和理想要分阶段，小阶段的小目标，大阶段的远大理想，这些要一步步地实现。

不一样的环境一样有着良好的氛围，大家努力地学习，努力地实现理想，这里更加丰富多彩的活动更能锻炼我们，我们在这里学习着更新的知识和为人处世的技能。没有枯燥，只有精彩；没有荒颓，只有充实。

在天大的北洋园，无论是走在北洋广场还是漫步在青年湖边，想想自己所经历的事，想想眼前的事，更多的是欣然之感……

我的衡中回忆依然是美好的，现在还拼搏在衡中的学弟学妹们，你们的路还有很长，也许你们现在认为生活是痛苦的，但走过后再回忆，那段拼搏的时光是多么惬意，多么引人自豪，多么有意义。衡中生活就仅有这样的3年，现在你们能做的只有珍惜。不要惧怕什么，大胆地往前走吧！

我不敢说我走过的路是对的，但是我敢说我走过的路是无悔的。还拼搏在衡中的同学们，希望你们能够走好自己的路，进入自己理想的大学。

我们的路都一样，很长，我们都要不断地斟酌，在每一个岔路口，做出自己最佳的无悔的选择。

410的兄弟姐妹在高考或竞赛的选择中进入了不同的学校，但410人的情谊丝毫没有淡化。我们在不同的学校里为着自己的人生理想而奋斗着，我们选择了自己要走的路就不能再后退！花儿全国遍地开！

就让花儿们尽情地绽放吧，我们的故事越来越精彩！

成长中那些难忘的关键词

刘克嘉，天津大学建筑学专业

不知道该给这些文字起一个怎样的题目，在键盘上敲下它们的时候，曾经为《花开的声音》日夜忙碌的画面一个又一个浮现在眼前。那时在学校，面对高考与奥赛学习的双重压力，还有那少得可怜的交稿期限，三四个人在光线昏暗的机房强忍着睡意，一字不落地审查、编辑。起初激情满怀的编委们由于多天的疲劳战终于顶不住向我请假，不过在我的软磨硬泡之下还是一起坚持到了最后。为了这样一本集合了每一个人心血的作品，我奔波在校园的每一个角落，记不清多少次放弃中午休息时间，多少次在空无一人的校园中奔向宿舍。现在，只要中午不睡下午就会烂醉的我很难想象当时的自己怎么有如此用不完的精力。无论怎样，辉煌的卖书成效都证明了当初的努力是多么的值得，更重要的是，我们的青春被永远地镌刻了下来，无论何时何地，只要翻开书，便能再一次感受那份情结。

那些花儿，那些曾经绽放的花儿，今天终于又回到了 410 这个花园。

那些花儿，那些我曾经呵护的花儿，今天都已成长为不畏风雨的铿锵玫瑰。

我好像又听到了花开的声音……

作为班长的我，此刻有多少辛酸和幸福呢？

时光退回到 3 年前的 11 月，退回到我成为班长的那一天，退回到第一次站上讲台的那一刻，退回到用一个目光就能锁住所有人的那一秒，我的心中，有陌生，有恐惧，也有信心与期待。

我不住地提醒自己："这是整个年级最优秀的班级，我承担着一份最重要的责任。"也问自己："我能得到大家的认可吗？我能创造一种团队精神吗？"

如今，这些问题也都有了答案。对我来说，高中三年的学习生活更像是班长工作记录，有人问过我是不是太多的工作影响了学习，我回答说"不知道，但是如果让我拿 3 年的班长换一个清华大学的录取通知书，我不会同意"。优秀的学校从来就不缺乏优秀的学生，能考上中国最好的学府诚然是每一个学子的梦想，但我想这3年的班长工作让我收获了太多的锻炼与感动，这份付出也许是比一个更好大学的文凭更有意义吧，起码我是这样认为的。

太多记忆的碎片如何串联，不如就用几个关键词吧。

关键词一：罚站

不是老师罚站，而是我自罚加上罚大家。刚刚成立班级不久，班主任出差，班级量化跌到了谷底，一时间我不知所措。在自习上课之前不知怎的，有种莫名的怒气涌上心头，我让全体同学起立站着上了一节自习。出乎我的意料，没有人反对，也没有人打抱不平，无论对错，无论身体是否撑得住，所有人都安静地站了一节课。在这之后班级的量化一直稳居年级前列。我不知道当时自己的冲动是否会让大家反感，但在那节课上，我看到了大家的团结，看到了班级的力量，只要为了一个目标努力，没有什么我们做不到的。班级的建设少不了挫折，作为班长的我也犯了不少错误，但在大家的坚持下，我们一步步走过来，而我又有什么功劳呢？我想我只是站在台前的人罢了，真正的班长，真正为这个班付出的应该是台下的每一个人。因为肩负着大家的期待与信任，我在努力中成长着，直到今日。

关键词二：教师节

一到教师节，总有一群人在忙碌着。有人奋笔疾书，有人在电脑上疯狂地做课件，有人在耐心等待视频的生成，而我，就是这一切的策划者。410的优秀离不开一群爱我们为我们无私付出的老师，所以在属于他们的节日我们要送上最特别的礼物，只属于410的礼物。我总是提前几天就开始策划，到了前一天的晚上紧急召集伙伴，给大家分配任务。在紧张的工作之后一个个生动的视频新鲜出炉，看着屏幕上的邮件将我们的祝福带到校园的每一个角落，每个410人脸上都洋溢着最灿烂的笑容。也许微笑伴着泪水才是最单纯的快乐吧。做课件、做视频的传统从未被动摇，即使是最紧张的奥赛冲刺阶段。不单单是教师节祝福，我们还有生日祝福、节日祝福。也许对于其他人来说，这些不过是一个个PPT，但是对于我们来说这是一份感情，是为了亲人般的老师和兄弟姐妹般的同学不惜牺牲时间的付出。因为我们是一家人，家的温馨遍布于空气中的每一粒微尘中。

关键词三：竞选

我想无论是“十佳班长”“十佳学星”还是“十佳道德模范”竞选，对于410来说都是“十佳班级”竞选，因为每次都是集众人之希望与力量于一人，浓重的班级情怀也成了每个参选的410人与众不同的特色。这样的我们也是战无不胜的，如此传奇的成绩也成了校园中的佳话。可真正为了一个荣誉要付出多少，很少有人能说得清吧。每每回想起曾经“十佳班长”的竞选，我总会热泪盈眶。别人上台演讲，有的是文采飞扬的稿子，有的是精彩绝伦的表演，而我拥有的是70个兄弟姐妹的信任，是一个班长对班级最单纯的热爱。我的稿子是大家写的，是每人提供的故事串联而成的，是410送给我的一份最珍贵的礼物。它被我放在电脑中一个永远不会被删除的文件夹中，多年之后我再打开它时，我可以自豪地说，我曾经是全校最幸福的班长。一个人的能力再出众，孤身一人也是一事无成。本来愚笨的我，在大家强有力而不失温馨的支持下，在一次次失败中成长，在一次次紧张中锻炼，终于有能力为大家遮风挡雨，有能力用自己坚定的话语在灯光下告诉所有人：“410是一个优秀的团队，410是好样的。”

关键词四：兄弟姐妹

我不敢说，我们410的友情是世界上最深的，但我敢说是所有同学中感情最深的——有福同享，有难同当。聚会时的欢声笑语，一起出游时的尽情释放，一次次被泪水润湿的眼眶，一个个温暖而宽厚的肩膀，不管身处何地，只要一想到410的兄弟姐妹，总会有一种温暖涌上心头。我们的家，我们的410，我们共同建起的屋檐，我们会用一生守候。若有人问我，为何对它这么好，我会告诉他，410对我很重要，它早已成为我生命的一部分。鱼儿跃起得再高，终将回归大海。

写了这么多，其实也没什么逻辑，只是情至笔尖，信手涂鸦。已步入大学的我们，也许少了联系，也许忙于学业，但有一份情谊我们会永远珍藏。回首看看，衡中在给了我们名校录取通知书的同时，还给了我们太多太多，我们因此变得坚强，变得勇敢，不畏风雨，重情重义，坚守梦想。那些花儿，在每一个洒满阳光的地方开放，它们是最特别的花儿，没有牡丹的富贵，没有芍药的妖艳，没有菊花的隐逸，有的却是勇敢、坚定。你要问它们的名字，它们叫410……

作别高中，难忘衡中

邢明超，上海交通大学环境工程专业，保送（省一等奖）

慢慢地泡杯咖啡，在这阳光明媚的上午，我独坐在书桌前，静静地回忆那些人、那些事……

那一年，我踏入了梦寐已久的衡中。

还记得初入衡中时的激动万分，还记得军训时的汗如雨下，还记得班会上的庄严誓词，还记得宿舍熄灯后的窃窃私语，还记得在机房里打出第一个代码时的欣喜若狂，还记得衡水湖畔的嘹亮歌声，还记得成人礼上的心灵激荡，还记得运动场上的齐声呐喊，还记得百日誓师的坚毅决心，还记得……这些，就如昨日刚刚发生的一样，在我的脑海中一幕幕闪过。衡中留给我们的不仅仅是满腹学识，更是烙在心中那永不磨灭的印记。

我知道外界对衡中的诋毁，我知道他人对衡中的不屑，但你们有没有问过一个从衡中毕业的孩子的感受？是的，我们很累，我们天天学习，可是青春不就应该这样吗？为了一个单纯的目标而拼命去努力。我们单纯地埋头苦读，我们单纯地做着没完没了的作业，我们单纯地笑，我们单纯地哭，我们单纯地挥洒着汗水与青春，我们单纯地追逐着自己的梦想……直到有一天，我们昂首挺胸地走进了考场，直到有一天，那梦寐以求的通知书的到来；直到有一天，我们欢笑地步入了自己理想的象牙塔……我无悔，将青春洒在追梦的路上；我知道，我在这里度过了我最美好的年华。

我们的衡中三年，无疑是幸福的，因为我来到了410，走进了这个大家庭。高二和高三两任班主任信妈和霞姐是对我们无微不至的家长；时而批评我们、时而为我们鸣不平的“两面派”班长克嘉是我们的主心骨；认真负责、一路高歌拿下国际金牌的班副傲哥是我们最敬重、最羡慕的人；热情的学委阳仔，低调的超哥，时而犯二的令镯，可爱俏皮却傻乎乎的二子李舒钰，永远都是第一个到位的美琨姐，胖胖的丹琳姐，刻苦低调的文思、笑姐，成绩稳得要命的昭雨，是我们冲击年级前10名的主力军；活宝一样胖胖的常宇、小破孩刘通，永远记不住人名的凡姐，总在思考人生的大吨位群“姐”，经常被我们调侃的光耀，来自火星的小熊，是他们给我们带来了无尽的欢笑；体委鹤松、大鹏、乔石、王卓，是他们让我们在会操比赛中屡获桂冠；才子弛哥和轩然，语不惊人死不休；才女雅桐，给我们呈现了一幅又一幅令人惊叹的作品；还有霸气苏冰、“猥琐”至极的尤龙、潜力无限的舟舟、默默无闻的磊哥、真性情的小雷和兆哥、一脸坏笑的ZJ、沉默寡言的小钢豆、信息组花婷婷、看破红尘的景昊、我的临铺姜片、视学如命的Mary……我清晰地记得每个人的笑脸，清晰地记得我们生活的点点滴滴。多想回到那熟悉的教室与熟悉的你们上一堂熟悉的信妈的课啊！岁月无情又怎样？天涯海角又怎样？只要我们的心在一起，那熟悉的感觉就永远不会变。

北京，上海，天津，香港，杭州……高考这场盛宴将我们送往了天南海北。2012年9月8日，在上海交通大学我也正式开始了自己的大学生活。然而，大学并没有想象中的那么轻松，课容量大，课程紧，内容抽象，难理解，只是利用上课时间去学习是远远不够的，于是图书馆和自习室成了最热门的地方。你可以看到匆匆步入图书馆的人流，你也可以看到自习室通宵的灯火……每每看到这些，总会想起曾经在衡中上过的晚自习，想起晚上10点5分往宿舍飞奔的场景，想起和我在回去路上谈天说地的小雷——我们可以用5分钟的时间奔回宿舍，洗漱完毕，安静地躺在床上……

人人网被衡中的时间表刷屏了，那曾经最憎恶的时间表也成了我们“缅怀”的对象，原因很简单，我们怀念衡中，怀念那里的所有。曾经无数次地听同学们说要是再回到衡中上学就好了，哪怕是一天。也许他们忘了离开衡中那一天的手舞足蹈了吧，也许失去的才是最美好的吧，也许我们内心从未离开过衡中吧。衡中啊，不仅把我们送进了全国各地的名校，更在我们心中种下了一颗种子，这颗种子在衡中发芽，在全国各地灿烂地绽放出花朵……

我们怀念那个时间表的另一个原因是，在衡中，我们有着严格的作息时间，而到了大学，突然失去了约束，没有了那时紧张的生活安排，总觉得心里空荡荡的。如果给我一天衡中的作息，我能完成现在一周需要完成的事情。所处的时间不同，我们的任务也不同，在衡中我们的任务只有一个，所以只是单纯地学习就好，而到了大学，学习反而不是那么重要了，我们可以用更多的时间去参与社团或活动，去思考自己的人生。我是一个不怎么懂得规划的人，大学这四年能让我对自己的人生好好规划一下，毕竟大学就是一个小社会，在这里有形形色色的人，有各种各样的事，能让我看清这个社会，看明白自己的未来。

大学的生活丰富多彩，这里有 200 多个社团等待着你的加入，这里有无数的学生组织来锻炼你的能力，这里有丰富多彩的文体活动来展现你的魅力，这里是施展才华最好的去处。博学多才的教授，深奥迷人的课程，大师云集的讲座，这里也是你开阔视野的好地方。上午认真听课，下午看书娱乐；开心的时候就和同学们出去打打球，郁闷了就去湖边走走；放假了就转转上海，品品小吃，看看风景。我怀念衡中，同时也喜欢这里。

从衡水到上海，从衡中到交大，我就像是一条不断翻滚向前的鱼儿从涓涓溪流游到了浩瀚无边的大海，我在大海中尽情畅游，舒展自己，但仍带着溪流赋予我的勇敢与坚毅。我怀念衡中，同时也喜欢这里。

高中三年加大学四年，我这样规划

赵鹤宁，上海交通大学“数学－金融本硕贯通试点班”专业，单独招生

2009–2016 年，7 年时间承载着青春的主要内容。想着高中那 3 年，想着大学这 4 年，在这篇文章几次修改后，我决定拿这篇文章来标记我这 7 年的青春。

一、衡中生活

当人们说衡中是监狱时，当人们说衡中是大学生的加工厂时，当人们说衡中只是把学生培养成考试机器时，无数衡中学子都在为母校自发地表达着内心的声音——在衡中学习是我们一生受益的经历。我想用我的故事告诉大家，衡中究竟给了我们什么。

——本想用这一段作为开头，为一次次被外人误解的母校辩护，后来发觉衡中不需要辩护，母校一直是每一个衡中人心中不可磨灭的记忆。所以，这个故事，也只是用来保鲜那段美好的衡中时光，那个 410 的故事。

410 的故事有着自信与拼搏，带着团结如家的温暖，伴随着钻研而多彩的奥赛。而我，在这个 410 的故事中生活着、享受着、成长着。

（一）自信与拼搏

2009 年 12 月 7 日，410 班成立，全班 72 人（后来有同学转走）。我是那个 41070（学号是按班名加班级名次编排的）。就这样，一个 41070 的故事开始了。

我是 41070，班里倒数第三。一个倒数第三的学生，或许应该把拼搏放在自信的前面。但是，我首先做到了自信，其次才是自信地去拼搏。建班后的第一次月考，我感受着 410 的强大，学校前 10 名我们可以过半，论平均分我们可以全校称王……点点滴滴，都让“410”这 3 个数字展现着属于自己的实力。而加上“70”学号的我，也渐渐有了一份既为 410 人便能为 410 战的自信。因为我们的口号是“唯一必争，唯冠必夺”，因为我们坚信每一个 410 人都是强者，因为我们是 410 的一分子，所以，我不会也不能输，即便我是 41070，但我也仅仅是当下的 41070。

带着这份自信，也为了这份自信，我开始了那段时间的拼搏。

3 年的高中生活，学习是其中的主基调，成功过，失败过，得意过，迷茫过……一路走过，带着那份自信，我从那个 41070 一步步地走进上海交通大学的大门。

（二）团结如家

我们有镌刻着每人每天的《花开的声音》，我们有 410 在每个人生日时真诚的幻灯片，我们有在一次次评比时自豪地举起的一张张奖状，我们有大家共同完成的《那些花儿》。

每个班级都在说着团结，而 410 的团结还多了一种家的味道：我们在一起学习，我们在一起生活，我们一起为奥赛的梦而相互扶持奋斗，我们一起踏入陌生的城市参加奥赛培训；远足时的我们有着互助与坚强，中秋时的操场有着我们的团圆，成绩失利时的班会回荡着《倔强》的声音，奥赛结束后的我们有着别人不懂的经历……一件件早已在我们心里铭记的事把我们的团结变成了真正的 71 人的大家庭，在我们之中还有一位共同的妈妈——信妈妈。

就这样，高中三年，虽然来到另一个城市求学，但高中三年并没有因此充斥着冷漠。有 70 个伙伴一起前行，并不孤独。

（三）钻研而多彩

我们是奥赛生。“奥赛”这两个字给了我们不一样的责任。钻研，也成为我学习中更丰富的色块。“信息奥赛”“生物奥赛”“数学奥赛”3 个标签，带给我们相同的奥赛生活，正是因为奥赛的学习，我有了那份“Hello world”的喜悦，有了那段对动态规划百思不解的折磨，有了那时对网络流的如痴如醉的钻研……虽然这些知识在高考中不会被考察，虽然这些知识在大学中微不足道，虽然当我步入大学时选择了与信息不相关的专业，但这段钻研的时光带给了我一种态度、一份信念、一段永远的记忆。

或许奥赛让许多人非议，或许对于奥赛的经历别人无法理解，但在我的心中，那里有着我的努力，有着我各色的回忆。

2012 年 7 月 14 日，曾是 41070 的我，赵鹤宁，收到了自己的录取通知书，上海交通大学“数学 - 金融本硕贯通试点班”，我梦寐以求的专业，我的大学生活，就这样开始了。

二、大学生活

度过了大学生活的第一个月，我不想说交大的历史是怎样的悠久，我不想说交大的成绩是多么的辉煌，我不想说交大对于我们的要求是选择那份爱国的责任。

因为我真的很想说我很迷茫，当时的我好像失去了方向。生活在交大当年分数最高的班里，总有一种无力感充斥全身：我的英语不好，我数学比别人弱，我没有音乐细胞，我从小就懒得运动……各种自卑的情绪从上课第一天起就开始在心中滋长着，总觉得有学业的压力而不敢去报太多组织，又因为没有报太多组织而感到自己的大学生活或许也将单调。一时间，觉得过去畅想的大学生活变成了镜花水月；忽然间，失去了继续前行的方向。

我反问自己为什么，难道真如外人所说衡中的学生只会学习？但为什么身边一个个衡中的同学在社团组织中那样活跃？难道是衡中的学习方式不适应大学生活？但为什么学长学姐在学业生活上双丰收？静静回想，是没有决断力、没有执行力、没有自信心的自己再次跳了出来。

或许是离开衡中太久，我丧失了那份“我是衡中人”的自信，取而代之的是总觉得自己不如人而不敢努力的自卑；或许是离开衡中太久，我丧失了那段单纯的学习的记忆，在本应静心学习的时候没有了保持的执行力。或许因为自卑，或许因为执行力不够而一事无成，使自己变得优柔寡断不敢做选择。渐渐地，我丢失了属于自己的那份骄傲，曾经梦寐以求的专业当下又好似束缚。这样的自己，需要清醒了，4 年的青春，不能荒芜。

再次回想，我的大学生活或许并非是那样的一事无成。虽然没敢去报太多组织，但我还是在系学生会担任了职务；虽然觉得自己没有能力参加活动，但还是进行了自己的第一次辩论赛（虽然因为经验问题受到了批评，但我还是收获了一次胜利的果实）；虽然觉得学习比不过他人，但是每一天也都在收获着一次次攻克难关后的喜悦。慢慢地，仿佛我的生活并没有坠入谷底，当有了自信的正能量后，生活也开始有了颜色。

感谢这篇文章，让我静下心来洗净心灵的尘埃。

我的青春，3 年在衡中，无悔；我的青春，4 年在交大，更加璀璨。

梦想的摇篮地，永远的乌托邦

安磊，浙江大学工科实验班（信息）专业，保送（省一等奖）

金秋九月的清晨，经历过几场秋雨的杭州城虽然晴朗，但也难以驱赶寒意。站在阳台上俯瞰美丽的求是园，脑海中不禁再一次浮现起在衡中度过的阴晴雨雪、喜怒哀乐，突然问自己，能用什么来形容这段时光？耳畔响起了嘈杂的鼓声，硬朗的声线搅得人心神不宁。对，这个词再合适不过了——“永远的乌托邦”。

探照灯下的寒冷冬晨，尽管戴上了厚厚的手套，举着课本的双手仍然在瑟瑟发抖。近乎虔诚地追求着那几分钟，只为多背一个单词、多念一句古诗、多记一个公式。那时跟舟舟一个寝室，天天跟他比到位谁更早。虽然通常都是我会比他晚到跑操地点，但在空荡荡的跑道上率先开始一天的征程着实是一件快乐的事情。

阴雨绵绵的春季上午，410 班的教室显得空荡荡的。20 个人聚集到教室的前半部分，翘首等待战普老师的数学课。学案已经在前一天的晚上绞尽脑汁完成，每一个期望背后的计算都迅速准确，每一个证明的过程都巧妙严谨。尽管只从 410 班抽出 20 个人，这 20 个人也足以组成一支战斗力超群的精英小队，用最短的时间完成最漂亮的任务。

微风送爽的秋日午后，从寝室到机房虽然只有不到 5 分钟的时间，但这段时间却是一下午激烈思维碰撞的开始。集训生活看似简单，就像是看不到边的死循环，每天考试、改题、做题的节奏几乎不曾改变。实际上，不停地对新算法的汲取和对新解法的发现让每一天有滋有味。即使上午的考试仅仅在 40 分的题目中拿到了 20 分，下午得到思路以后经过痛苦的调试看到屏幕上闪烁着的 AC 字眼依然难以抑制内心的惊喜。

蝉声阵阵的盛夏夜晚，焦急的手在成堆的卷子里寻找时发出的哗哗声无疑徒增了酷暑带来的烦躁。突然下课铃响起，教室前面投影的屏幕放下，精密的外接显示仪器亮起，在清新的音乐声中教室里的每个同学都以注目和欢呼给当天过生日的同学甚至是我们的410送去最真挚的祝福。一首歌的时间很短，友谊却可以天长地久；一句祝福的分量很轻，美好的回忆却难以磨灭。

没有什么比“乌托邦”能更好地形容那段日子了。那时，我们所做的一切于从前的我们以及外界看来都是不可能的，但是我们却用自己的简单和执着把它付诸实践。能够把简单的日子过得丰富多彩，能够把痛苦的感觉化为不竭动力，能够把无数的任务做得滴水不漏，大概也只有在这样的乌托邦里才能顺理成章。

从高中到大学的过渡貌似很匆忙，来不及好好想想，便慌慌张张地进入了大学的旋律。系统地对大学的印象的确谈不来，只是觉得以“乌托邦”一词来喻指大学并非失当。

不像高中那样一个知识点会让你找十道题来加强对它的掌握，在大学有时候一堂课会诱起你的求知欲，让你去图书馆找十本书来汲取更多的知识。现在很多大学实行通识教育，学校会准备各个领域上至天文下到地理的通识课程供大家选择来拓宽知识面。这些课程一般都比较浅，所以如果你对某一个课程非常感兴趣，就会不自觉地去寻找相关的知识。这时候你得到的可能就不仅仅是那门课的学分了。让我感触特别深的是我选的微电子技术和科学哲学两门课，在开课的3周里我抽时间看完了一本关于微电子制造的书和三本关于哲学和科学哲学的书。在这么短的时间里不能说在这两个方面能有多么深入的思考，至少我了解了很多有趣的技术和思想，这些对于以后考研专业的选择和观念的树立可能会起到非常奇妙的作用。

大学一个很奇妙的地方在于，很多时候一个班级甚至同一个寝室的同学在同一间教室上课的机会都非常难得。可以想象，做班干部或者社团干事是一件多么有趣又多么有挑战性的事情，几次任务完成下来，你会发现自己的组织能力有了不小的提升。在大学做干部时接受的历练或许是走入社会前的一个非常难得的宝贵的锻炼经历。

有时候会回想起衡中的那些时间点，虽然感觉怪怪的，但还是不禁怀念。那时候我们每个人的时间表都是一个样子，但走入大学以后每个人的安排可能大相径庭。很可能，有些人的日程表上除了要上的课全部是空白；相反，有的人会把自己的每一天安排得井井有条。缩小到衡中的公共自习时间，一个简单而不失具体的计划的确是提高效率的一个好方法。因为你现在绝对想不到，大学里有多少人是在发呆和睡觉中度过那些空白的时间的。

于是之所以说大学是乌托邦，原因也很明了了：这里好比无所顾忌的花圃，你可以贪婪地吮吸一切你热爱的东西，譬如知识，抑或艺术、运动；这里就像是温室，存在竞争，但是或许远没有将来在社会上的惨烈。你可以在这里得到经验，抑或教训。这里胜似未经雕琢的理想国，你可以完全自主地规划你的时间，甚至更多。

后面这段文字有意无意地在秦淮河边而非启真湖畔完成，大概只有挑一个既不是高中所在地也不是大学所在地的城市写下这些才能对自己的这些经历有更加立体更加准确的想法吧。站在阳台上向北方和东方眺望，再一次问自己，到现在为止，这两所学校，在这两所学校里的经历，对于自己意味着什么——知识，友谊，亲情，感恩？好像远远不止这些。

永远伫立在我脑海中的乌托邦。

那些年，绽放的花儿；那些年，一起走过的岁月

乔方舟，浙江大学工科实验班（工学）专业

背景音乐一：《阳光照耀着塔什库尔干》

蓝天草地，朦胧月影，对了，今天已经是八月十七，凝视，出神，回到高一。

小雷，新朋友，一起跑饭，一起冲向跑操地点。我们，渴望最早，但第一永远是美琨。

代码，行行码着，焦急，紧张，第一次我是0分，泪水在眼圈中打转，小雷苦苦地安慰。

调研，退步，486分，羞愧的成绩；家长会，愧疚伴着泪水，我决定改变。

发疯，睡觉，我是最后一个；发疯，早起，我最快。汗水，泪水，缠绕的浇灌，终于在月末绽放。好高兴，付出换来收获，焦急奔向电话亭，只为第一时间告诉父亲。

远足，疯了：小雷，疯了；尤龙，疯了；博阳，疯了。疲惫，泡澡，和loong在阳坊大吃大闹，三百大洋，一顿饱餐。最幸福，是坚持到底；最幸福，是一起快乐。

河南，生物集训，搬书。周末本该睡懒觉，而我在5点30分冲向五楼，帮忙搬书。董雪，三分懵懂，三分乏力，三分激情，外加一分天真。这就是高中生朦胧的感情。

高一结束，班级日志，最后一页，苏冰留笔："什么事都重在掺和……"当年，他还是个孩子。

河南集训，信息奥赛，脱离组织，偌大的机房，赵进、明超、小豆还有我。3天，转向C程设计，我想，他们从河南回来时就是我炫耀的日子。

暑假集训，奥赛，奥赛，还是奥赛。什么作业，浮云去了，我没写，信息组11人没写，要死一起死了。

开学，考试，悲剧，又退步。开家长会，信息组全体。即将到来的NOIP，

压力山大，但是，谁让我们是 410 的孩子，我们坚持。

八月十五，梦中，操场，舒钰和文思，《明月几时有》。逃掉的晚三，年级的唯一，其他班级在学习，而我们在嗨皮。

11 月，邯郸四中，230 分是我的分数，而信奥省一线 240 分。痛苦，堕落，沉沦，不甘。命运之神，为什么将我捉弄？一时脑热，放弃奥赛，骆老师的劝阻，信妈妈的谈心，自己的倔强。也许，当时我错，但，这终归是我的选择。

2011 年到了，在大雪纷飞中我祈福新一年。是时候雄起了，不能再让家人为我失望。

成人礼，17 岁，被成人？我还未满 18 周岁呢。

5 月，APIO，北京人大，开幕式晚会，衡中惊人的吃饭速度，步宇说："他们不吃，咱们端过来好了。" 5 元一碗的凉皮，30 元一杯的 dq 冰激凌。哦，对了，还有费列罗巧克力。杀人游戏，high 到 12 点，啤酒，酸奶，还有赵哥在电话里说："老子没玩过上一千的！" 小雷的半裸奔，尤龙能烧水的笔记本，当然，还有抱熊姐粉色的裙子，醉了好久。还有那块铜牌，实力和运气。

高三，程序化的生活，起床、学习、跑饭，累了就调侃下李光宇、吐槽下马梦龙。京华姐、向梅姐、霞姐，还有丹丹、彦华和玲，当然了，少不了华仔、大头……

临近高考时，一份悸动，不够理智，幸有幼晗，理智，温婉，带我走过了最后 30 天。

一天天地重复，一分分地努力，堆积了筹码，来到了浙大。

8 月 8 日，聚会，吃饭，唱歌，大朋、乔石的《贵妃醉酒》，弛哥哑掉的嗓子，哦，还有那首《倔强》。回来的火车没票，美琨姐，绿色通道……我，小豆，弛哥，琨姐，4 个人挤 3 个座，天南海北，胡扯……

高中的记忆看似到此结束，可是，还在延续……

背景音乐二：《你真的准备好了吗》

大学，高中生活中一直向往的渴盼的日子来了。只有当真正来了，才发现大学的美好不只是所谓的恋爱自由和睡到自然醒。

求是园，忙忙碌碌，满脸懵懂的是新生，大包小包的是父母，来去匆匆的是学长。一切都恰如我现在的心情，刚刚好。开学第二天，竞选班长，我毅然走上了讲台。也许我不是最有能力的一个，但无疑我是最善于展示自己的一个。我坚信一句话“不打无准备之仗”，为了这次班长竞选，我前一天在阳台上练习了个把小时。竞选班长真的有这么重要吗？诚然答案是否定的，但是我能够站上讲台并且选上这个班长，就毫无疑问地说明了准备和自信的重要性。

在大学，真的不应该有所畏惧，你所恐惧的不外乎是你不了解的。可你都不了解，又为什么恐惧？不如自信地去面对它、征服它。

在大学，机会会有很多，每时每刻都有机会从你身旁溜走。为了在机会出现时更好地把握它，你需要做的便是时刻准备着。准备给你自信，让你从容地征服面对的一个个挑战。

在大学，诱惑会有很多，早上 5 点 30 分没有铃声催你起床，晚上 10 点没有铃声逼你上床。你可以肆无忌惮地在宿舍里打 DOTA，在学校里毫无目的地轧着马路。但是你应该牢记心间的是来自高中时的梦想。你苦学十二载，只是为了安逸的四年，然后过平庸的一生吗？何不再苦上四年，给自己辉煌的未来！所以不要浪费青春，抓紧现在的每分每秒去强健自己、丰富自己。

王小波说这世界上有些事就是为了让你干了以后后悔而设，所以你不管干了什么事都不要后悔。在大学，去拼一拼、闯一闯，不要害怕失败，失败了又如何？只要是用努力浇灌的土地，失败也不会后悔。

物质上准备好，精神上准备好，你真的准备好了吗？

背景音乐三：《奔跑》

学弟学妹们，我不清楚你们是抱着何种心情在读这篇文章的，也许你们现在陶醉在所谓的闲适里面，也许你们认为不学习是一种异样的气质，也许你们认为考上好大学不一定会有好出路。究竟如何判断，需要你们自己做决定，你们应该有了足够的能力去辨别生活中的好与坏。

其实学习的目的除了功利一些考个好大学之外，就是不给自己留下遗憾。不要等到自己没出息了才叹息着说“我高中时没有好好努力”，这只是弱者的借口罢了。每个阶段都应该有自己应当去做的事，你们现在应该做的就是尽可能地提升自己，为未来打下基础。

大学，只是人生的起步；未来，已然向你我打开。

高中并不是学习的结束，大学同样需要努力

运经纬，中国科学技术大学材料科学类专业

衡中的名号几乎响遍了全国，同时，它也是一个充满了极大争议的学校。在有些人眼中，我们的母校无疑就是一个制造大学生的机器，没有所谓的人性化、素质化教育，有的只是漫天飞舞的试题，一眼望不到头的题山题海。但仔细想想自己在衡中的点点滴滴，有泪水，有欢笑，却没有外界指摘的不堪。衡中那些为了自己心中的大学、为了自己的人生理想而不断奋斗的学子，从清晨 5 点 30 分早操到每晚 10 点晚休，3 年都是这么度过的，无论春夏秋冬，每个人都在坚持着自己的理想，不曾松懈。

3 年的衡中生活很累也很苦，一年中几乎没有假期，每天也几乎是三点一线式的生活，但这些经历在我的人生之路上留下了不可磨灭的印迹。回想起自己当初懵懵懂懂地进入了衡中，开始了自己的高中生活，开始了自己的高一。高一，适应衡中的校规校纪，适应高中生活，学习的同时也参加了一些活动。至今，我还清楚地记得高一下学期的那次 80 华里的远足，来回走了近 12 个小时，每个人的脚底都或多或少地磨出了几个水泡，但所有人都在坚持，一路上的欢歌笑语和彼此之间的激励便是这种坚持的凭证。那次的远足，是我至今走过的最长的路，让我对毅力和乐观有了全新的认识。一种半梦半醒的感觉中，高一就这样过去了。至于高二则是像冲锋前的一次动员，为接下来的高三做准备。还记得 2011 年 4 月的成人礼，当时的我虽还没有到 18 周岁却也带着一份成人的喜悦，一份对未来的憧憬和希望，对责任、对长大有了更多的理解。日子一天天地过去，我进入了“黑色”的高三，由于竞赛的失利我不得不面对残酷的高考。竞赛失利后失落的情形记忆犹新，我真切地感受到眼前的机会却没抓住的痛苦，但这痛苦也让我变得更坚强。高三就是与练习题、考试打交道的一年。一张张卷子总是像是一盒巧克力，你永远不知道下一次是什么味道。高考倒计时从 365 一点点地变成 0，

带着一份紧张和渴望，我踏进了高考的考场。

历经两天的高考，在各种巧合和必然的交织下，最终我带着 668 分的成绩进入了科大。大学的学习是一种全新的模式，没有老师的催促，每周的课时大大减少，有了更多的支配时间，你成为自己生活和学习的主导者。无论是学习、娱乐还是生活，你都需要自己安排，平衡它们之间的关系，这和以往的高中学习生活截然不同。你获得了学习上的真正主动，但这主动却也是相对的，足够多的自由支配时间是一笔财富但又很容易失去，自制力强的人会用这些时间做许多事情，不过一旦没有抵制住诱惑，这些宝贵的时间又极易荒废掉。大学的一切基本上取决于你自己。

同时，大学的课程在难度上又上了一个台阶，主要的知识需要你在课下自学，老师讲课的速度很快，只是起到一个引路人的作用，至于这路要怎么走则看你自己的努力了。最初近一个月的大学学习让我有了一些当初学竞赛的感觉，课程学得很吃力，并且主要是靠自己每天自习来学这些知识。但这种自己去汲取知识的感觉却很美妙，当解出一道难题或是突然想明白一个定理时，那种成就感便会油然而生，之前的苦苦思索真是值了。

高中时，老师总会说“高中苦也就苦三年，考上大学后就轻松多了”，但现在看来却有一种“被骗”的感觉。高中并不是学习的结束，大学同样需要努力，这四年一旦荒废，那所谓的名牌大学还有什么用？我觉得人们常说的“一考定终生”很荒谬，那种高中拼命考上名牌大学后不再努力的想法可笑而不可取。我想人的一生应该始终处于一个进取的状态，总想着一劳永逸必然要不进而退吧。大学刚开始时，更应憧憬那充实而又快乐的四年大学生活。

写到这里，再想起三年的衡中生活，当初的确是对有些枯燥乏味的高中生活不满，甚至有一段时间每天在心里暗暗地诅咒学校，但现在对母校更多的却是感激，看到网上对母校的非议也总是愤愤不平，而看到一些挺衡中的帖子也会沾沾自喜。母校在自己心中的地位是很重的，母校容不得他人非议。

在这里，我还想对高三的学弟学妹们说几句：“你们现在面临着很大的压力以及从来没有过的作业量，不过无须紧张，这也是磨炼你们意志品质的一次机会。不必害怕，这本身就是一次挑战，挑战一定会有成败，你们要做的就是努力地接近成功。虽说成者王侯败者寇，但没有过程，又哪来的成功呢？未来，成功会像潮水般涌来，它的数量永远比你期望的要多。当下，周测、月考……各种考试出奇多，用阿甘的心态来对待这些考试好了。为了未来，你只需过好当下。

最后，衷心祝愿：母校衡中越办越强！ 410的每个人都有自己满意的人生！高三的学弟学妹们高考辉煌！